U0691548

 上海教育出版社　江苏第二师范学院

学校管理

第四辑

2024 No.4

图书在版编目（CIP）数据

学校管理. 第四辑 / 江苏第二师范学院主编.

上海：上海教育出版社，2024.9. — ISBN 978-7-5720-3068-0

Ⅰ. G47

中国国家版本馆CIP数据核字第202435ZY08号

策划编辑　刘美文

责任编辑　马丽娟　周　伟

封面设计　陆　弦

学校管理　第四辑

江苏第二师范学院　主编

出版发行　上海教育出版社有限公司

官　　网　www.seph.com.cn

地　　址　上海市闵行区号景路159弄C座

邮　　编　201101

印　　刷　上海盛通时代印刷有限公司

开　　本　787×1092　1/16　印张 5.25

字　　数　105 千字

版　　次　2024年9月第1版

印　　次　2024年9月第1次印刷

书　　号　ISBN 978-7-5720-3068-0/G·2736

定　　价　15.00 元

卷首语

打造新时代高水平教师队伍，巩固教育强国建设重要根基

刚刚过去的以"大力弘扬教育家精神，加快建设教育强国"为主题的第40个教师节注定是一个意义非凡的教师节，其对教师队伍建设乃至教育强国建设将产生深刻而长远的影响。在教师节前夕印发的《中共中央　国务院关于弘扬教育家精神加强新时代高素质专业化教师队伍建设的意见》就提出："把加强教师队伍建设作为建设教育强国最重要的基础工作来抓，强化教育家精神引领，提升教师教书育人能力，健全师德师风建设长效机制，深化教师队伍改革创新，加快补齐教师队伍建设突出短板，强化高素质教师培养供给，优化教师资源配置，打造一支师德高尚、业务精湛、结构合理、充满活力的高素质专业化教师队伍，为加快教育现代化、建设教育强国、办好人民满意的教育提供坚强支撑。"在9月9日至10日召开的全国教育大会上，习近平总书记指出，要实施教育家精神铸魂强师行动，加强师德师风建设，提高教师培养培训质量，培养造就新时代高水平教师队伍，同时提高教师政治地位、社会地位、职业地位，加强教师待遇保障，维护教师职业尊严和合法权益，让教师享有崇高社会声望、成为最受社会尊重的职业之一。至此，教育家精神首次写进中央文件，成为教育强国战略的重要支点。同时，党的十八大以来习近平总书记从"四有"好老师、"四个引路人"、"四个相统一"、做"经师"和"人师"相统一的"大先生"等明确指示，到2023年教师节前夕致信全国优秀教师代表，明确诠释了中国特有的教育家精神的六个方面，再到这次在教育系统最高层级的大会上以最为明确的方式把教育家精神固定下来，确立为国家教育行动的核心驱动力来源。

"中国特有的教育家精神"中的"教育家"当然不是迂腐的学究，也不是狭义

的教学者、培训者、指导者、辅导者、引导者、训导者或者教育理论工作者的简单集合，甚至也不是一般意义上具备教学技能、专修教育理论与实践以及教育行政意涵的专业行当的教育者的笼统概括，更不是特指教育思想者的专用名词，而是包含又超越了以上绝大部分角色定位的超级概念。"教育家精神"也不是对教育作为一种谋生手段的职业理想的倡导，而是包含了理想信念、道德情操、育人智慧、躬耕态度、仁爱之心、弘道追求等六大方面内涵，从超越了完成特定职业作业任务的事业与志业的高度，对人民教师的时代风貌、价值追求及集体人格的一种全面刻画，涵盖了其本体论、价值论、方法论、实践论、目的论、认识论的系统诠释。

教师是教育事业的第一资源，教师队伍建设是坚持优先发展教育的关键。教师是立教之本、兴教之源，强国必先强教，强教必先强师，只有大力弘扬教育家精神，加强师德师风建设，提高教师培养培训质量，才能培养造就新时代高水平教师队伍。实施教育家精神铸魂强师行动，核心要义是把握教育家精神在国家、社会、团体和个体层面落地落实的着力点，关键路径是从责任与质量两个维度切入、从个体及集体责任精神与质量精神和个体及集体责任文化与质量文化诸方面入手，最终使教育者从被动性执行者，甚至是反思性实践者，转变为自塑性教育者，让广大教育者通过主动落实教育责任、切实保障教育质量，成就学生，成就教育，也成就自己。只有这样，教育的问题才能回到教育的本质，教育系统的改革才能回到教育者自己的手上，教育发展目标及工作日常才能回到我们的初心使命，立德树人的根本任务才有可能真正得到落实。这一教育家精神铸魂强师行动是打造新时代高水平教师队伍的重大举措，而高水平教师队伍是教育强国建设的重要根基。

江苏省教育评估院原副院长、研究员
江苏省教育学会教育评估专业委员会创会理事长　袁益民

目　　录

新时代高品质校长的使命担当与价值追求

◎ 陈学忠／江苏省灌云县第一中学

摘　要　新时代高品质学校呼唤高品质校长。本文从精神感召、率先垂范、愿景期待三个方面来阐述新时代校长要有理想者、奋斗者、领跑者、开拓者的样子，积极传承"陶行知校长观"的科学内涵和价值引领作用。新时代校长的使命担当与价值追求会影响教师、学生、学校的样子，校长要有事业心、使命感、责任感和爱心才能办好学校，管理好学校，为教育事业做出应有的贡献。

关键词　校长使命　陶行知校长观　价值追求　教育实践

习近平总书记强调，新时代新形势，改革开放和社会主义现代化建设、促进人的全面发展和社会全面进步对教育和学习提出了新的更高的要求。教育是国之大计、党之大计。时代呼唤教育的领军人。新时代高品质校长要积极研究学习"陶行知校长观"的精辟言论；要有宽阔的胸襟、广阔的视野、前瞻的理念、鲜明的办学思想，做新时代的"大先生"；要时刻谨记校长的工作职责，更新管理方式和理念，促进学校的稳定、长远、健康发展。

一、精神感召，坚定信念志存高远

陶行知先生说："校长是一个学校的灵魂，要想评论一个学校，先要评论它的校长。"

当今时代，科技是第一生产力，人才是第一资源，创新是第一动力。科技创新靠人才，人才培养靠教育。陶行知先生认为，书生的教育家、政客的教育家都不是第一流的教育家。校长要专职专任，用宽容和宏大的心整个投入这一岗位工作，只有这样，校长才能当之无愧地成为一所学校的灵魂。著名教育家苏霍姆林斯基说："校长是教师的教师。"可见，校长的重要性不言而喻。

（一）关键引领，赋能教师成长

校长的样子会影响教师的样子。作为教师的领导者，校长不仅是管理者，更是教育者，他们的教育信仰、教育理念、领导方式和言行举止对教师有着深远的影响。

一切美好的教育都依赖于优秀的教师去实施，而校长在这一过程中扮演着至关重要的角色。在日常工作中，校长需要不断审视和改进教育实践，以确保教师能够适应不断变化的新时代的教育需求。校长不仅具备这种将外在的偶然化为内在的必然的能力，也要有躬耕奋斗的使命感和责任感。校长热爱教育，教师就会热爱教育；校长热爱学习，教师就会热爱学习；校长喜欢读书，教师就会喜欢读书；校长热衷课堂教学，教师就会热衷课堂教学；校长喜欢教学研究，教师就会喜欢教学研究……在校长的感召引领下，师德高尚、业务精湛、充满活力的教师团队才会渐渐形成。

（二）品格塑造，润泽家国情怀

校长的样子会影响学生的样子。人民教育家于漪说："教师就是一个肩膀挑着学生的现在，一个肩膀挑着国家的未来。"一方面，教师直接影响学生的成长和发展；另一方面，教师的工作塑造着国家的未来。实际上，每位教师都肩负着人类文明的传承重任，他们通过教授知识、技能以及价值引领，帮助学生建立起对世界和人生的理解，养成良好的品德，不断增强社会责任感，并引导学生成为对社会有用的人。校长通过重视教师的专业发展，引领、培养和支持教师不断提升教育教学水平，成长为"四有"好老师，真正做学生锤炼品格、学习知识、创新思维、奉献祖国的引路人。

（三）境界升华，进阶内涵品质

校长的样子会影响学校的样子。教育离不开创新，创新才能发展，才有新的出路。校长的价值观和信念是学校文化的重要组成部分，影响着学校文化的传承与发展。从某些方面可以说，校长是一个学校文化的形象大使。校长的境界、视野和格局，影响着学校的干部队伍、教师队伍建设，影响着学校的课程建设，影响着师生的精神生活，影响着学校的发展方向和内涵品质。

二、率先垂范，坚定信仰躬行实践

陶行知先生在其文章《第一流的教育家》中提到，第一流的教育家应当具有创造精神和开辟精神，即"敢探未发明的新理"和"敢入未开化的边疆"。这种精神不仅鼓励教育人要有创新精神，有独立意识，促进教师不断学习和发展，不断反思和自省，成为教师专业发展和职业幸福的源泉，而且要求教师有责任感，不仅有"天下英才尽育之"的教育梦想，还有"人人受教"、教化万方的使命。陶行知先生关于第一流的教育家的论述，给我深刻的启示：第一流的教育家，应该是校长努力做出的样子。校长，是最有可能成为教育家的人。

（一）追求卓越，胸怀天下思教育

校长要有理想者的样子。儒家尊崇"正其义不谋其利"，对校长而言，这样的理想不仅仅是个人的价值追求，更是对学校、对教师、对学生、对教育事业的承诺和期望。校长应该展现出理想者的风采，怀揣对美好未来的憧憬，并为之不懈努力。一个有理想情怀的校长，懂得倾听和理解不同的声音，能够激发师生的梦想和热情，引领他们共同追求卓越；一个有理想情怀的校长，通常具有高度的热情和无限的热爱，倡导尊重和友爱，拥有家国情怀、人文关怀。有一种精神叫校长，这样的校长是学校的灯塔，指引着学校向着更加光明和灿烂的方向发展。他落实立德树人根本任务，不断探索教育的边界和可能性，引领学校阔步走向更高品质的未来。

（二）立足当下，脚踏实地迈新程

校长要有奋斗者的样子。习近平总书记在第39个教师节到来之际致信全国优秀教师代表，对全国教师提出了殷切希望：以教育家为榜样，大力弘扬教育家精神。教育家精神是一种崇高的职业追求，这也是新时代对校长的伟大召唤。弘扬教育家精神，就要有教育家的大格局，就要做一名不满足于现状、坚定不移的奋斗者。这样的校长既有百折不挠的意志力，也有雷厉风行的行动力，带领学校在教育的征途上不断前行。他有前瞻性的眼光和创新性的精神，是教师创新发展的榜样，在快速变化的时代背景下，敢于尝试新的教育理念和方法，勇于探索适合学校发展的新模式、新路径，乐于实现学校的可持续健康发展，引领学校不断迈向新的高度。

（三）聚焦未来，前瞻理念展魅力

校长要有领跑者的样子。校长先努力成为"师德师风典范、教书育人示范、教研科研模范"。面对"新教材、新课程、新高考"，校长要能领先一步，主动思考，积极构建新的学校教育样态。校长至少要精通一门学科专业知识，具备广阔的知识面，做优秀教师的典范。在营造文化氛围、凝聚教师团队、优化课程体系和协调家校合

作等战略性行动中，校长要用自己的智慧和力量科学领跑，带领学校在教育的变革中稳健前行。作为领跑者的校长，不仅能在奔跑中不断展现自己的办学理念、心智情感、人格魅力，实现自己的职业价值，还能赢得社会的尊重和认可。

（四）开拓创新，恪守理想强耕耘

校长要有开拓者的样子。党的二十届三中全会进一步指出，构建支持全面创新体制机制，统筹推进教育科技人才体制机制一体改革，健全新型举国体制，提升国家创新体系整体效能。这一系列的新部署新要求，充分体现了以习近平同志为核心的党中央对创新本质和发展规律的深刻洞察。陶行知先生就是一个富有创新和探索精神的教育家，敢于在未开辟的"土地"上耕耘，通过教育实践带领广大有志青年和劳苦民众解决了生活和教育难题。他穷其一生不断探索创新教育方式，踏踏实实办学，用仁爱之心和博大的情怀管理学校，为我国现代化教育探索出更多全新的出路，促进了中国教育事业的发展。新时代的校长要有开拓创新的意识，要有勇于探索和开辟的精神胆量，牢记教育家的责任，践行教育家的追求，成就教育家的事业，成长为名副其实的教育家，用教育家精神照亮行知路，以开拓者勇气创新教育路。

三、愿景期待，踔厉奋发成就大我

陶行知先生说："国家把整个的学校交给你，要你用整个的心去做整个的校长。"由此可见，校长不仅是职业，更是高尚的事业，需要全心全意地努力，才能做出样

子。校长要积极主动作为，以家国之思想把握时代浪潮，以敏锐的视角规划学校的发展，以高品质的校园文化引领师生成长。校长的脑海里要始终有一个清晰的学校发展愿景，并确保这个愿景既符合时代要求，又切实可行，还能激励感召全校师生共同追求。在努力、奋斗、领跑中，校长使自己成为教育家型校长，使学校成为特色鲜明、质量卓越、社会公认的好学校。

（一）高品质校长需要贯通学习力

一所好学校，就是爱读书的校长带领师生好好读书的学校。校长相信阅读的力量，身上散发着书香气，师生都热爱读书、热爱学习，校园里书香弥漫。这种终身学习力，其实也是未来教育的一个非常重要的特征。党的二十大提出，实施科教兴国战略，强化现代化建设人才支撑。作为学校的领导者，校长需要不断更新自己的知识结构，时刻关注教育的新理念、新方法，了解社会发展的新趋势、新要求，找到更合理、更有效、更科学、更合乎规律的教育策略，让学校的教学质量和教育水平不断提升。校长的终身学习力是其领导力的重要组成部分，它对学校的发展和教育质量有着深远的影响。一位具有终身学习力的校长能够激励、引导师生形成终身学习的习惯。

（二）高品质校长需要高超协调力

校长作为学校的领导者和教育者，要善于与教师、学生、家长以及教育行政部门进行有效沟通，能在内部管理与外部关系之间找到平衡点，以此来推进学校工作的全面进步和教育质量的持续提升；要擅

长团队建设和管理，理解并尊重不同利益相关者的需求和期望，鼓励校内各部门之间加强合作，为建设"四有"好老师团队服务，为学校的发展贡献力量；能够调动多方的积极性，建立民主亲和的干群、师师和师生关系，让想到的美好教育成为看得见的风景。总之，校长要做民主的校长，不做命令式的校长。协调力涉及人际关系的沟通、处理等多个方面的能力。一位理想的校长能够在复杂的教育环境中保持清晰的方向感，调动一切可以调动的资源，为教师发展服务，促进学校和谐发展。

（三）高品质校长需要深远影响力

校长的影响力就是学校珍贵的品牌形象，有助于塑造独特的学校文化。如王树国之于西安交通大学、唐江澎之于江苏省锡山高级中学、李希贵之于北京十一学校等。这就需要校长有"言为士则、行为世范"的道德情操，能通过自己的言行为师生树立榜样。这种深远影响力是校长在师生心中建立的长期积极影响，无论是道德情操还是专业素养，都能赢得师生的信任和尊重；这种深远影响力能够使校长的办学理念和领导风格深入人心，有助于学校的长期发展；这种深远影响力使得校长不仅能够在任职期间对学校产生积极的影响，还能够在离任后留下历久不衰的影响。

人的一生应当有所追求、有所作为。因为，有意义的时光才叫历史，有价值的日子才叫生活。肩负青少年人才培养重任的校长，要有心有大我、至诚报国的理想信念。校长强了，教师就强了，学生就强

（下转第10页）

新高考背景下推进教师专业素养提升的校本实践

◎ 张小平 / 江苏省灌云县第一中学

摘　要　新高考背景下，学校需要一批教育理念、教学能力、专业素养都能适应新高考的教师。通过创新实践活动，引导教师研究课标，转变观念，开拓思路，积极融入教育教学。本文从厚植理念、培根铸魂，提升教师专业素养；多措并举、同频共振，凸显学科关键能力；搭建平台、提升能力，聚焦关键能力培养三大方面，探讨了新高考背景下教师专业素养提升的路径，以期提高学科课堂教学效率，增强教师内涵，呈现高质发展样态。

关键词　教师培训　课标研究　素养提升　校本实践

一、前言

2022 年，《新时代基础教育强师计划》（以下简称《强师计划》）为新时代高质量教师队伍建设绘制了宏伟蓝图。《强师计划》立足"十四五"，面向 2035，推动教师队伍建设朝着更高的发展目标前行。无论是"四有"好老师、新时代"大先生"，还是弘扬教育家精神，都是当下实现教育强国的必然要求。当前，新高考背景下，教师需要更新观念、延展教育教学思路、创新评价机制，促进高考改革顺利实施。"强师资、提品质、增效益、促发展"的先进理念是指引学校前行的方向标，具有一定的指导意义。

新高考背景下，提升教师素养是促进学校高质发展的重点。学校需要坚持价值引领，高度关注教师队伍建设，号召教师立足教育教学一线，提高教科研能力，积极构建知识网络，研究新高考政策，读懂新时代日新月异的学生，与时俱进。学校要鼓励教师转变思想，重新思考定位，从灌输具体的知识点向培养学生的系统思维、探索精神等转变，不能一味故步自封、一厢情愿。以下是笔者所在学校在新高考改革背景下提升教师专业素养的具体措施。

二、新高考背景下推进教师专业素养提升的校本实践

（一）厚植理念、培根铸魂，提升教师专业素养

没有好的教师，就没有好的教育，也

没有好的学生。新课标、新教材、新高考对各个学校和教师来说是挑战，更是机遇。站得高，方能看得远、走得好。教师需要认真研究、学习，明确备考方向，不走弯路。学校积极营造氛围，鼓励教师主动去研究新课标、新教材、新高考，并为各学科教师配备各学科最新的课程标准、《中国高考评价体系》等材料。学校每学年还为教师订阅各学科的核心期刊，重在提升教师的专业素养，力求使每位教师深刻领会新高考"考什么""怎么考"的内涵，将高考要求、课标理念落实在日常教学与管理中。

1. 践行课标理念，提高站位

新高考改革下，学校认真组织各学科教师研读新课标，领会课标精神，把握课标表述的课程意义；号召教师依据各学科课标教学，真正将课标精神落地生根，落实到具体的教学实践中。围绕新课标、新教材、新高考，认真反思为何考、考什么、怎么考。认真研究《中国高考评价体系》中"四层"和"四翼"的重要内涵，以及落实在学科方面的具体策略等。

为了更好地在教学中践行新高考理念，学校教学部联合教科室针对各学科新课标和高考评价体系学习等情况组织督查，要求各学科教师领会课标精神，体悟"一核""四层""四翼"的考试评价理论对日常教学的指导意义，在此基础上撰写学习心得。学校在每周例会上设有一个"教师论坛"栏目，鼓励教师借助这个平台，更好地交流、分享新高考学习方案，提高自身站位。

2. 深研教学方式，增强实效

教师的教学理念要改变，教学方式更要改变。学校虽是省四星级高中，但历年生源不佳，这就更需要教师基于学情，深研教学方式。新高考模式下，学校注重增强教师的学习与实践磨炼，鼓励教师突破旧教学理念的局限性，在课堂中多给学生话语权，教学方式应该从"我问你答"转向"主动探究"。

引导教师注重知识的生成、联系及拓展，从不同的视角生动地解读课程，积极推动素质教育，促进学生全面发展。新高考在理念上更加注重学生能力的形成，更加注重学生的思维灵活性和创造性。

为了增强实效性，学校推动各学科教师组织协作学习并进行引导，激发学生的参与热情，培养他们掌握、运用知识的主动性，建构学习共同体，打造自主、合作、探究的生态课堂，深度挖掘和展现学科的价值。

3. 优化课堂结构，促进真学

新课标理念下，学校鼓励和引领教师践行县教研室推行的"三学"（真学、深学、会学）课堂，结合学校的"生本·问题"课堂教学模式，深耕教材文本，提升课堂立意。课堂教学要聚焦"四层"，突出"四翼"。在研究新高考评价体系的基础上，提醒教师有意识地把课堂教学目标定位在核心价值、学科素养、关键能力、必备知识上，从日常的课堂教学中建构学生的知识基础，提升教学的实效性和学生的获得感。

在课堂教学中提醒教师注意平衡自身"主导"地位和学生"主体"地位的呈现，

教学内容要以学生为主体，创设基于"生本·问题"的高品质课堂。鼓励教师敢于放手，让学生进行真实的学习过程体验，给学生创设思辨性的话题情境进行有思维含量的真讨论，让实践性学习成为课堂教学的主流，给学生更多实践性学习的空间，让经历与体验成为各学科学习的常态，让学习真正发生。

（二）多措并举、同频共振，凸显学科关键能力

新高考带来了新的挑战，要提升教学质量，提高教学水平，教师要有"埋头拉车"的实干精神、清晰的目标导向、正确的努力方向。目前来看，学校教师队伍管理还缺乏顶层设计；部分教师还缺乏对新时代高中教育改变育人方式的深刻认识，亦缺乏问题意识。面对新挑战、新问题，如何站在新高考角度统筹谋划和探索，学校还没有形成系统性的规划。基于以上种种原因，新高考改革需要学校推进教师研究新高考实施方案，落实有效举措，提升综合育人水平。

1. 丰富阅读底色，锤炼品格

教师在校长的引领下，以"立德成人，家国情怀"为校训，积极研究新课标、新教材、新高考，研读学科核心期刊文章，揣摩新课标理念下的教学方式，追求既有情感温度又有思维深度的课堂。新高考背景下，学校提出迎接挑战的最好方式就是阅读和思考，通过阅读丰富知识的底蕴，增加上课的底气，在新课改的大潮中勇立潮头，笑对变革，遇见一个更优秀的自己。

学校号召全体教师观看大型纪录片

《西南联大》并撰写观后感。西南联合大学"刚毅坚卓"、永不言弃的精神和信念助推教师拓宽视野、沉淀思考、蕴蓄生命正能量。学校多次举办阅读、诵读、演讲等主题活动推动阅读，倡导教师多读书、好读书、读好书，丰富阅读底色，进一步锤炼教师优秀品格。高品质的阅读，让教师可以在成功的路上走得更远，亦可以发现课堂教学的奥妙，在教和研的路上更快地获得成功。

2. 合力协同创新，向阳生长

学校特别注重教研组、备课组团队的建设工作，鼓励教师学会合作、学会欣赏，把个人融入集体就像把根扎入大地的树一样，感受集体的力量，让自己变得更加坚定、更加优秀。学校引领教师认真学习习近平总书记关于"四有"好老师、做学生引路人等相关讲话精神。学校申报的省"向阳花"好教师团队被确立为省重点培育团队。通过团队建设，学校旨在打造一支脚踏实地、志存高远、有教育情怀的"四有"好老师团队。

借助"四有"好老师团队建设，学校进一步优化教研组、备课组建设工作，营造团结、积极、进取的教研组、备课组文化，深研精备，发挥教师集体的智慧和备课组组长的带头作用；搞好集体备课，精心编制教学活动设计案，提高教学设计质量，加强听评课活动；面对新高考，激励备课组认真学习研讨新课标，强化教师团结协作，合力协同创新，从备、教、改、辅、考、评等各个环节积极应对新高考，促进教师优势互补，形成强大的教育合力；

利用团队建设资源，把团队打造成名家思想汇聚的熔炉，引领教师同心同向，沐光而行。

（三）搭建平台、提升能力，聚焦关键能力培养

新高考改革下，如何将新课标、《中国高考评价体系》精神和要求转化为学习策略和学习内容等一系列问题，值得教师不断探索。

1. 深研精思，提升研究力

教师的研究力是一种基于解决教育教学问题的实践能力。学校通过系列活动引导教师以培养问题意识为起点，以生为本，建立问题链；以课题引导专题性研究，学习、思考和实践；以案例研究促进教师反思，鼓励教师发展，通过平等对话、互动碰撞，拓展教师思考的广度和深度。

面对新高考改革，学校引导教师通过研究学习，明确高考命题趋势，优化情境创设。学校号召教师研究近五年的全国卷高考题，在研讨试题中找到课题研究的方向，真正实现以科研助推课堂效益。站在《中国高考评价体系》和新课标的高度，领会高考试题和模拟试题贯彻高考精神的基本路径和基本策略，深入研究，针对薄弱环节，真抓实干，力争把教育教学的效益最大化。

2. 思维进阶，提升设计力

教学设计是学习活动与助学策略的有机统一。目前学校教师的教学设计能力还有待加强，行之不远，达之不高，关键是反思不深。部分教师的课堂还存在讲解过多、越俎代庖的现象，冗余低效的学生活动耗时偏多，导致对学生思维能力的培养力度不够，课堂活动设计的梯度和层次还不够清晰。针对这个问题，学校要求教师用足用好教材和教辅，潜心研究、仔细揣摩课程标准，聚焦聚智聚力，研发出有代表性的学科学习活动设计案，积极打造课堂教学范式，围绕教学范式举行教师说课比赛，以赛促发展。

学校推行了新高考模式下的样板课比赛（新教材新授课、专题复习指导课、试卷讲评课），在很大程度上调动了教师的参与积极性。鼓励教师围绕新高考提高课堂教学设计水平，加强核心素养、关键能力的培育。要求各备课组精选、重组教材内容，明确学习要求，分类分层分点细化关键能力，立足学情的切实性、材料的针对性、学习活动的可操作性、目标达成反馈的及时性，发挥团队合力。

3. 合作提质，提升教学力

新高考改革下，学校鼓励教师通过参加教育主管部门举办的各种教学培训，更新教育观念，教学相长。一方面积极引领教师发现教育教学中的实际问题，进行自下而上的校本教研，鼓励教师积极参与校本课程的研究与开发；另一方面学校加大教师培训方面的投入，积极创造机会开展高端培训，开阔视野，拓展思路，与时俱进，助推教学观的动态提升。

学校为教师的教学提升搭建成长平台，通过省市"名师工作室"研讨活动、省市教育教学等多种平台建设，使教师可以随时随地学习、研讨、交流、提升。通过整合教学资源，完善教师考评机制，创设

"精品课堂"，实现教师资源共享，充分调动教师的积极性、主动性和创造性。

4. 主动修炼，提升命题力

命题水平体现教师的专业素养，对一线教师而言，不仅要教好书，还要不断地研究试题、命制试题。一份高质量的试卷命制需要教师去深度研学课程标准、研究教材、研究学生。学校组建命题团队，聘请命题组组长，带领所有备课组教师明确高考方向，确立高考命题方向；动态分析高考命题，把握高考命题规律；善于发现命题题眼，科学设置试题选项。

学校鼓励各学科教师积极参与命题，了解命题原则，做好命题人的"八大修炼"，掌握命题的主要着力点：如何运用必备知识考查学科关键能力；如何创设情境和设计问题等维度，提高命题技能；如何使我们的命题体现基础性、综合性、创新性。通过命题专题研讨，促进教师在命题和磨题的过程中，不断更新教学观念，不断优化教学策略，使得教学更有针对性、更加精准。

5. 创新方式，提升讲评力

好的试卷讲评课帮助提高课堂效率，它是复习备考中一种不可或缺的课型。学校积极推行学科教师参与试卷讲评大赛，推动学生综合能力的提高，帮助加强学生的薄弱环节，促进学生学习方式的变革。

学校号召各教研组、备课组利用大数据平台加强统计，从学生学习和教师教学两个维度，引导教师和学生发现不足，明确导致不足的原因，知道和运用弥补不足的做法。教师通过了解学生的认知起点与师生间思维的差异性，抓住重要的、普遍性的问题进行讲解，做到重点讲评、纠错讲评和辩论式讲评相结合，或者放手让学生讲题，学生团队间一起排疑解难，从而获得成功。

三、结语

总之，教师是"立教之本、兴教之源"，推动教师研究并落实新课标、新教材、新高考政策至关重要。学校鼓励教师深研新高考，坚持问题导向，敢于摒弃僵化思维，敢于挑战与实际不符的陈规陈说，着力提升教学质量和创新教学范式，建构并发挥"核心备课组"功能，展现省"向阳花"好教师团队强烈的创新意识与扎实的创新能力。在今后的教育教学中，学校还将不断探索，努力提升教师内涵，促进教师业务发展，引领教师专业成长，践行教育家精神，推动学校向更高层次方向发展，呈现高质发展新样态。

【作者简介】张小平，女，江苏省灌云县第一中学学术委员会主任，"苏教名家"培养对象，正高级教师。

参考文献

[1] 张茂聪.中国式基础教育教师队伍现代化：战略地位、内涵意蕴与路径[J].湖南师范大学教育科学学报，2023，22（01）：4—8.

［2］ 刘向媛."强师计划"背景下的教师队伍建设策略研究［J］.华夏教师，2024（01）：42—44.

［3］ 张博林，阮守华，孟彦，等.中小学高学历教师队伍建设的挑战与突围［J］.中小学管理，2022（09）：39—42.

（上接第4页）

了，学校就强了，教育就强了，国家就强了。校长要让教育家精神活在自己的生命中，活在自己的日常学校治理中，以微光照亮微光，用生命影响生命。校长要用更美好的教育塑造"有理想、敢担当、能吃苦、肯奋斗"的新时代好青年，为教育强国建设做出无愧于时代的作为。

【作者简介】陈学忠，男，江苏省灌云县第一中学校长，正高级教师，江苏省特级教师。

参考文献

［1］ 谢增焕.谈用整个心做校长——陶行知校长观及其当代启示［J］.教育，2019（15）：64—65.

［2］ 陈建忠.融入"陶行知校长观"，加强学校管理［J］.华人时刊（校长），2020（11）：46—47.

［3］ 王倩，程功群.陶行知学校管理思想及启示［J］.南京晓庄学院学报，2020，36（04）：10—14，122.

［4］ 江年基.陶行知教育管理思想及对当代校长的启示［J］.教学管理与教育研究，2019（02）：114—115.

青年教师的专业成长路径探析

◎ 周　晶 / 江苏省灌云县第一中学

摘　要　新时代的青年教师，不仅是学校的新鲜血液，更是教师队伍的重要组成部分，需要不断提高专业素养，发扬仁爱精神，坚定理想信念，争做"四有"好老师。本文从构建青年教师动力体系，提升青年教师专业素养，激发青年教师创新意识三个方面讲述青年教师实现专业成长的有效途径。

关键词　青年教师　专业成长　路径

人民教育家于漪曾言："人生在天地之间，各有责任。教师的责任更是千钧重。只因他一个肩膀挑着孩子的现在，一个肩膀挑着国家和民族的未来！"教师承担着传播知识、传播思想、传播真理的历史使命，肩负着塑造灵魂、塑造生命、塑造人的时代重任，是教育发展的第一资源，是国家富强、民族振兴、人民幸福的重要基石。而青年教师是教师队伍的新鲜力量，是教师队伍建设的希望与未来。因此，青年教师的成长是学校工作的重中之重，青年教师的专业成长有以下几条路径：

一、构建青年教师动力体系

教师的专业发展是指教师的专业成长或教师内在专业结构不断更新、演进和丰富的过程。青年教师的发展动力包括自然动力、精神动力和社会动力。

自然动力是指青年教师在发展过程中基于生存而激发出来的形态。只有在日常生活条件得到改善的情况下，青年教师才能专心为教育事业奋斗，这是青年教师成长的第一动力。

精神动力是指青年教师为实现个人价值和人生理想而做出的自发的努力。坚定的职业信念是青年教师发展的基石，崇高的职业理想是青年教师不断前行的动力源泉。这种理想激励着他们不断追求专业成长和职业发展。青年教师渴望通过教育教学实践实现自我价值。他们希望通过自己的努力和付出，为学生的成长和进步贡献自己的力量，同时也实现自己的职业梦想和人生追求。当青年教师在教育教学中取得显著成绩时，他们会获得强烈的成就感。这种成就感能够激发他们的工作热情和动力，推动他们不断追求更高的目标和更好的成绩。

社会动力是指青年教师作为社会的一员，承载着社会的期望和重托。社会期望他们成为优秀的教育工作者，为培养下一代贡献力量。这种期望成为青年教师不断前进的动力之一。青年教师深知自己肩负的责任重大，不仅要传授知识，还要引导学生健康成长，培养学生的综合素质。这种责任感促使他们不断提升自己的专业素养和教学能力。

在青年教师成长的过程中，自然动力的满足能够激发青年教师的工作热情，社会动力的支持和引导能够促使青年教师更加积极地投入工作和学习，精神动力的引领和激励则能够使青年教师在工作中更加专注和投入，从而取得更好的成绩和进步。它们之间相互补充、相互协调，共同构成了青年教师成长的动力体系。

二、提升青年教师专业素养

随着新高考、新课改的稳步推进，《中华人民共和国家庭教育促进法》的颁布与实施，人工智能技术的快速发展，教育工作正在经历一场大的变革。教师也应该紧跟时代的步伐，适应新的教育环境。只有不断学习，转变思维，才能缩短和学生的年龄代沟，更好地因材施教。

（一）在实践中磨炼

扎实的知识功底、过硬的教学能力、勤勉的教学态度、科学的教学方法，是一名教师的基本素质，其中知识是基础。教师的义务便是使学生得到合理的、系统的知识。青年教师要在教学的路上不断探索、研究、内化、运用，用实际行动去诠释作为"四有"好老师的责任与担当。

在日常工作中，青年教师要积极参与教学实践，通过授课积累教学经验，观察学生的学习反应，调整教学策略；积极参与听课评课，主动听其他教师的课，学习他们的优点，同时邀请其他教师听自己的课并给出反馈；积极参加培训和比赛，利用学校或教育部门提供的培训机会，学习新的教学方法和技术；积极参与教育研究及课题研究，结合教学实践，参与或主持教育科研项目，将研究成果应用于教学中。

（二）在求索中提升

"惟保守也，故永旧；惟进取也，故日新。"纵观古今，我国教育取得的发展，离不开前人的不断钻研与创新，教师的教育教学工作，也要在不断研究中才能取得长久进步。

作为教师，要"用一辈子的时间来备每一节课"，只有用一辈子的时间备好每一节课，才能让课堂更加有魅力。无论是学科专业知识还是教育教学方法，都是教师应该了解和掌握的。教师要在每次教学后进行反思，分析教学过程中的成功与不足，思考如何改进。教师要阅读大量专业书籍和文献，关注教育领域的最新研究成果和理论动态，不断更新自己的知识库。教师要深入研究学生需求，了解学生的特点、个性、兴趣和学习习惯，关注学生学习成效，定期评估学生的学习成果，及时调整教学策略以满足学生的需求。

美国心理学家波斯纳提出"教师成长＝

经验＋反思"。我们最需要反思的就是自己的教学行为、教材解读与设计、教法与学法的经验总结。备教材、备学生、备教法，当教师一直处在反思和备课中时，也定能在属于自己的教学舞台上曼妙起舞。

三、激发青年教师创新意识

2021年7月，国家"双减"政策出台。同年10月，《中华人民共和国家庭教育促进法》颁布。我们可以发现，国家重视对未来人才的培养，促进学生身心健康成长已经成为重中之重，促进学生全面发展是我国教育方针的重要内容之一，家校社协同育人成为新时代教育工作的重要使命。时代在变化，教师要不断提高自我创新意识，这是推动教育创新、提升教学质量的关键，主要包括以下几个方面：

（一）激发创新思维与意识

学校鼓励青年教师在日常教学中培养学生的批判性思维能力的同时，自己也要具备这种能力，勇于挑战传统教学方式，探索新的教学路径。鼓励青年教师分享自己的创新成果和教学经验，促进知识交流和资源共享。同时建立容错试错机制，允许青年教师在创新过程中犯错误，鼓励他们从失败中吸取教训，不断尝试和改进。

（二）建立创新合作团队

学校组建跨学科的青年教师合作小组，鼓励不同学科间的交流与融合，共同开发跨学科课程或项目，促进知识创新和教学创新。组建专项研究团队，针对教育中的热点、难点问题，集中青年教师的智慧和力量，开展深入研究，形成具有创新性的研究成果。

（三）推广创新教学方法与技术

学校鼓励青年教师积极学习并应用新技术于教学中，如人工智能、大数据、虚拟现实等，提高教学效率和效果。

（四）建立创新激励机制

学校设立青年教师创新项目基金，对具有创新性和实践价值的项目进行资助，支持青年教师开展创新研究和实践。对在创新合作中表现突出的青年教师给予表彰和奖励，树立榜样，激励更多教师参与创新活动。

（五）强化培训与支持

学校应为青年教师提供定期的专业培训和发展机会，包括创新教育理论、教学方法、技术应用等方面的培训。同时建立导师制度，由经验丰富的老教师或教育专家担任青年教师的导师，为他们提供指导和支持，如搭建"青蓝课程"师徒结对活动。实施"青蓝工程"的目的是发挥教学经验丰富的老教师的带头作用，帮助青年教师更好、更快地成长，最终促进教师团队的共同成长与发展。

教师的创新意识有助于构建良好的教育生态环境。在这个过程中，教师之间形成了相互尊重、相互信任、相互支持的关系，营造了积极向上的工作氛围。这种良好的教育生态环境能够激发教师的积极性和创造力，促进教育事业持续发展。

四、结语

教师的专业成长是一个多维度、多层次的过程，它涵盖了知识更新、技能提升以及情感、态度、价值观的转变等多个方面。在这一过程中，教师需要不断学习新知识、新技能，紧跟时代步伐，同时还需要不断反思自己的教学实践，总结经验教训，形成独特的教学风格和智慧。更为重要的是，教师之间的合作与创新为专业成长注入了新的活力。在合作中，教师能够相互启发、相互借鉴，共同解决教学中的难题，促进教学理念的更新和教学方式的变革。这种基于合作的创新不仅提升了教师个人的专业素养，也推动了整个教育系统的优化与发展。学海无涯，教无止境，教学就是一场修行。教育工作是一个波浪式前进、螺旋式上升的过程，没有终点也没有最好。只有在耕耘中反思，在反思后前行，才能在前行中不断变得更好。

【作者简介】周晶，女，江苏省灌云县第一中学教科室副主任，一级教师。

参考文献

［1］ 林晓萍.以师德建设引领中小学青年教师成长的路径思考［J］.福建教育学院学报，2021，22（12）：4—7.

［2］ 叶至善，叶至美，叶至诚.叶圣陶集（第十一卷）［M］.南京：江苏教育出版社，2004.

［3］ 余慧娟，赖配根，李帆，等.人民教育家于漪［J］.人民教育，2019（20）：6—35.

美育浸润高中阅读教学的实践探索

——以译林版高中英语 Reading 板块教学为例

◎ 傅　芳 / 江苏省灌云县第一中学

摘　要　为了全面贯彻党的教育方针，落实立德树人根本任务，培养德智体美劳全面发展的社会主义建设者和接班人，教师要深度挖掘阅读文本的美育元素，将美育浸润高中英语阅读教学，通过设计基于语篇感悟美、深入语篇体验美、超越语篇创造美的系列教学活动，将知识传授与价值引领有效融合，以达到学科育人目标，有效促进学科核心素养形成。

关键词　高中英语　课程思政　美育浸润　学科育人

习近平总书记高度重视学校美育工作，多次对学校美育做出重要指示。在 2018 年全国教育大会上，习近平总书记强调，要全面加强和改进学校美育，坚持以美育人、以文化人，提高学生审美和人文素养。[1]2023 年 12 月 20 日，教育部印发《关于全面实施学校美育浸润行动的通知》(以下简称《通知》)，指出加强美育与德育、智育、体育、劳动教育的融合，挖掘和运用各学科蕴含的丰富美育资源，分学科推动制定美育教学指引。[2]习近平总书记在党的二十大报告中指出，全面贯彻党的教育方针，落实立德树人根本任务，培养德智体美劳全面发展的社会主义建设者和接班人。

因此，美育浸润高中英语教学既促进学生核心素养发展，又能充分发挥英语学科育人价值。高中英语教师应正确理解在高中英语教学中浸润美育的重要性，深入理解开展美育教育的价值，探索美育浸润高中英语教学的实施路径，有效培育和发展英语学科核心素养。

一、美育浸润高中英语阅读教学的价值

将美育浸润高中英语教学，既彰显了英语学科育人价值，也促进学生身心全面健康发展，促进英语学科核心素养的形成。《普通高中英语课程标准（2017 年版 2020 年修订）》(以下简称《课标》)明确指出，"发展健康的审美情趣和良好的鉴赏能力"[3]。这要求教师在高中英语课堂中要确立合适的美育目标，通过一系列的教育教学活动，让学生在活动中体验审美情

趣，发展学生的审美能力，实现英语课堂的美育目标，促进学生的全面发展。

《课标》明确指出，"普通高中英语课程强调对学生语言能力、文化意识、思维品质和学习能力的综合培养，具有工具性和人文性融合统一的特点"[4]。在高中英语教学中，教师既要关注学生语言知识和技能的习得，也要注重学生在语言学习中体会语言美、赏析艺术美和感悟生活美，开阔学生视野，提升学生的文化表达能力，真正实现智力与审美双提升，促进学生高阶思维的发展，实现英语学科核心素养的形成。

教师在高中英语教学中浸润美育，既增强英语教学趣味性，又提高英语教学成效，促进学生全面发展。杜卫认为，作为促进学生全面发展的一种教育形式，美育最基本的任务是提高学生的审美素养。[5]英语教师将美育浸润英语教学过程，让学生在教学活动中体验美、感受美、欣赏美和创造美，提升学生品位，拓宽学生视野，陶冶学生心灵，进而热爱英语学习，实现高中英语的高效教学，达到学科育人的目标，促进学科核心素养的形成。

二、美育浸润高中英语阅读教学的内容分解

《课标》明确提出必修课程的文化知识内容要求之一是"在学习活动中初步感知和体验英语语言的美"，选择性必修课程的文化知识内容要求有："在学习活动中理解和欣赏英语语言表达形式（如韵律等）的美"，"理解和欣赏部分英语优秀文学作品

（戏剧、诗歌、小说等）；从作品的意蕴美中获得积极的人生态度和价值观启示"。[6]何齐宗指出，审美素养主要包括审美观和审美能力两个方面，其中审美能力由审美感受力、审美鉴赏力和审美创造力三个基本要素构成。[7]因此，笔者认为，高中英语教学可以通过基于语篇感悟美、深入语篇体验美、超越语篇创造美设计相关教学活动，将美育浸润其中，实现学科育人目标，促进英语学科核心素养形成。

（一）基于语篇感悟美

中学生的审美感受力指学生感受并欣赏美的能力，拥有健康审美情趣。培养学生审美感知能力乃美育起点。《课标》指出："学生围绕某一具体的主题语境，基于不同类型的语篇，在解决问题的过程中，运用语言技能获取、梳理、整合语言知识和文化知识，深化对语言的理解，重视对语篇的赏析，比较和探究文化内涵，汲取文化精华。"[8]教师通过设计系列活动，引导学生感知语篇文本美，获取、梳理及整合知识，建立知识关联，感受语言结构美，提升学生学习英语的主动性与积极性，推动英语学科核心素养的形成。

（二）深入语篇体验美

体验主要是让学生主动参与，在参与中感受深入语篇的体验美，通过积极主动参与，探索体验语篇美，加深对主题内涵的理解。教师通过设计系列浸润美育的阅读教学活动，让学生参与其中，既可以是初体验，也可以是再体验，深入语篇体验语篇美育元素，深入理解语篇所承载的美育价值与育人价值，并体验通过参与所带

来的美的感受，提高学生的审美鉴赏力，增强审美自信，实现学科育人目标，促进英语学科核心素养形成。

（三）超越语篇创造美

"任何一篇课文都是一种审美文本，都有自己的审美意义。读者通过对意义的理解与感悟，能潜移默化地感化身心，并化为自身的观念、气质、情感、态度。"[9]在特定主题引领下，语篇体现作者的生活态度和价值观。教师引导学生理解语篇主题内涵，帮助学生领会作者的生活态度和价值观，设计超越语篇的教学活动融入美育，让学生感受作品价值美，以多种形式输出，提升表现与创造美的能力，促进思维，增强自信，形成文化自信，达成育人目标和培养英语学科核心素养。

三、美育浸润高中英语阅读教学的实践路径

将美育浸润高中英语阅读教学，并将美育育人目标与高中英语阅读教学有机融合，通过对语篇美育元素的深度挖掘和赏析，促进学生对语篇的深入理解，提高审美鉴赏力，增强审美自信，形成正确的价值观，实现学科育人目标，促进学科核心素养形成。

（一）梳理文本，基于语篇感悟美

译林版《普通高中教科书·英语》必修第一册第三单元 Reading 板块 "Friendship on the rocks: please advise！" 的语篇话题是 "友谊危机"，以论坛发帖交流的形式呈现当代青少年在交友过程中遇到的困扰以及不同网友提出的解决方案。

该文本聚焦青少年的友谊危机，研读后可引导学生深入理解友谊的重要性与内涵，正确处理与朋友交往的问题。教师设计教学活动，启发学生反思友谊的真谛，如预测内容、梳理情节与细节、比较观点异同，为青少年身心协调发展奠基。

1. 导入真实情境，体悟主题美

本板块话题为 "友谊危机"，语篇类型为新媒体语篇，由一篇论坛主题帖和两篇回复帖组成。主题帖主要讲述青少年在交友过程中遇到的一个问题。

在导入时，教师在真实生活情境的基础上让学生充分讨论 "What friendship problems have you had?"，并进一步引导学生思考讨论：① Do you think there are "friends for life"？Why or why not？② Whom would you turn to for advice when you have problems with your friends？③ Would you turn to online communities for advice？Why or why not？同时，教师可以指导学生分组讨论典型的 "friendship problems"，并思考 "What advice would you give him/her？"，活动设置旨在引导学生通过对真实生活情境的思考，能进一步体会单元话题主题美，深刻体会友谊的重要性，清晰而有逻辑地表述自己的观点。

2. 梳理故事情节，感悟冲突美

在梳理故事情节时，教师可在教学环节设置图表，引导学生探索文本故事情节。

Can you work out the elements in Amy's post? The first one has been give as an example.

① Exposition: Amy and her best friend have been close for eight years. However, last

Saturday Amy felt betrayed by her friend.

② Rising action:＿＿＿＿＿＿＿＿＿＿

③ Climax:＿＿＿＿＿＿＿＿＿＿＿＿

④ Falling action:＿＿＿＿＿＿＿＿＿

⑤ Resolution:＿＿＿＿＿＿＿＿＿

教师通过引导学生梳理故事情节，探索该文本故事各要素，并归纳其主要内容，使学生更易理解故事情节的矛盾冲突，感悟情节冲突美。

（二）围绕主题，深入语篇体验美

译林版《普通高中教科书·英语》必修第二册第二单元 Reading 板块"A beginner's guide to exercise"的话题是"新手锻炼指南"，语篇是指导初学者进行锻炼的应用文。文章从四个方面对入门级锻炼者进行指导。教学中，教师指引学生观察和讨论，关注文本使用的写作手法，如运用例子证明观点、运用类比解释抽象概念、运用谨慎的语言准确表达等；在此基础上，教师还引导学生总结归纳指南语篇类型的特点。

1. 关注修辞运用，体会语言美

教师在教学中创设情境，引导学生关注文本写作手法，体会文本语言美。任务设计从学生实际出发，让学生在阅读中体验、感悟文本修辞，在讨论中思考写作手法使用，在交流中更深刻理解修辞在文本中的使用，体会文本修辞语言美。教师通过以下问题引发学生思考、讨论：① How does the author explain how different types of exercise improve our health? ② What rhetorical device is used in the sentence "Like cars that run on petrol, your body burns carbohydrates for energy"? ③ Why is the sentence better than "Your body needs carbohydrates to provide you with energy"? 教师通过引导学生探索文本中的写作技巧和修辞手法，让学生明白，修辞使抽象概念更易理解。最后引导学生小组讨论一篇好的指南的语篇特点。

语篇特点示例如下：

① The content is broken down into several sections. Subheadings are used at the very beginning of each section.

② Its language is easy to understand.

③ Cautious language is used.

④ Pictures are used.

通过对文本写作手法如举例、修辞、类比等进行探索与思考，学生深入理解了文本内容，更深地感悟到文本语言美。以类比手法的使用为例，学生通过图示方式，直观理解了文本内容表达的深度内涵。学生通过文本（指南）语篇的讨论并分析好指南的语篇类型特点，归纳总结，使该语篇内容和语言更清晰。

教师引导学生对语篇类型特点进行讨论与总结归纳，使学生在活动体验中深刻感悟语篇类型的语言美。

2. 聚焦文本话题，体验主题美

在梳理与分析文本后，学生将已有生活经验与文本信息建立联系。紧密围绕文本话题，教师引导学生反思自己的锻炼和饮食习惯，创造性制订适合的锻炼计划，引导学生通过讨论，合理调整锻炼计划。在教学过程中，教师始终引导学生围绕文本主题完成任务，创建适合自己的锻炼计划，在过程中体悟文本主题美。

（三）深化内涵，超越语篇创造美

译林版《普通高中教科书·英语》必修第二册第三单元 Reading 板块"Alex around the world"的话题是"环球旅行"，两篇旅行日记从旅行作家的视角介绍了印度的婚礼习俗和巴西里约狂欢节的盛大场面。通过阅读，学生深入了解了两个国家的风土人情，有效提升了文化意识，提高了跨文化交流能力，拓宽了国际视野。

教师围绕单元话题，开展文化交流活动，指导学生以尊重、包容的心态看待异域文化，在真实生活中逐步坚定文化自信，乐于传播中国传统文化，提升跨文化交流能力。

教学设计（1）：教师引导学生通过小组合作，填写有关中国经典传统节日习俗的信息表，对比中国传统节日与国外节日异同，实现中外文化融通。

教学设计（2）：教师组织学生讨论"Nowadays, more and more Chinese young people choose a western style wedding ceremony instead of a traditional Chinese one. What's your opinion on it？"这不仅能引发学生对比、思考中西方文化之间的差异，以尊重、包容的心态看待不同文化，加深对中国传统文化的理解，还能激发学生对中国传统文化的热爱与传承，在合作交流中提升跨文化交际的能力，坚定文化自信。

教学设计（3）：超越语篇，迁移创新的任务布置。教师引导学生创造性地介绍家乡连云港，包括家乡的风土人情、习俗文化等。通过搜集资料、小组合作交流，形成海报，一名同学展示海报，一名同学负责介绍。该任务围绕单元话题，学生创造性地将语篇内容迁移创新，深入了解家乡习俗等，既培养了对家乡的热爱之情，又提升了语言综合运用能力，坚定了文化自信，发扬了传统文化。

四、结语

教师在教学实践中，深度挖掘文本素材的美育元素，将美育浸润于高中英语阅读教学，培养美育意识，深化美育理解，培养学生对美的感知能力。教师将美育与高中英语阅读教学融合，不仅能提升学生跨文化交际能力，形成文化意识，坚定文化自信，同时也能有效促进学生学科核心素养的形成。

[本文系连云港市中小学课题研究第十四期重点课题"'尚美文化'融入高中英语阅读教学的实践研究"（编号：2021LYGJK14-ZZD65）的阶段性研究成果。]

【作者简介】傅芳，女，江苏省灌云县第一中学教师，高级教师。

参考文献

［1］习近平. 习近平著作选读［M］. 北京：人民出版社，2023.

［2］国务院办公厅. 关于全面加强和改进学校美育工作的意见［EB/OL］.（2015-09-28）

（下转第 33 页）

依法·程序·治理：新时期依法治校的三个关键逻辑

——以桐乡市高桥实验学校教育集团高桥实验学校依法治校的实践为例

◎ 沈德明 / 浙江省桐乡市高桥实验学校教育集团高桥实验学校

摘 要 2012 年教育部颁布了《全面推进依法治校实施纲要》，2019 年《中国教育现代化 2035》提出了"坚持依法治教"的原则。在新时期，实施依法治校，必须将"依法"作为"治校"的前提，要依据《中华人民共和国教育法》和党的教育方针、教育政策文献和技术标准以及学校章程、制度和规划三个层面的"法"来治校；要将"程序"作为"依法"的路径，实施"立法"和决策的民主程序；要将"治理"作为落实"依法"的核心，建设执行机制、研修机制和协商机制。

关键词 依法治校 程序 治理

2012 年，教育部颁布了《全面推进依法治校实施纲要》。2019 年，中共中央、国务院印发的《中国教育现代化 2035》明确了推进教育现代化的基本原则，其一就是"坚持依法治教"。2022 年，教育部发布了《全国依法治校示范校创建指南（中小学）》，明确了中小学依法治校和示范校创建的十大重点领域并提出相关要求。

学校治理现代化就是教育现代化的重要内容，而实现依法治校则是学校治理现代化的重要体现。

依法治教必须依法治校，依法治校才有可能实现依法治教。因为"使变革取得成功的关键组织单元还是学校"[1]。在新时期，如何落实依法治校，有三个关键词：依法、程序、治理。三者之间有着严密的逻辑关系，依法是实现治校的前提，程序是贯彻依法的路径，而治理是落实依法的核心。本文以桐乡市高桥实验学校教育集团依法治校的实践为例加以阐释。

一、依法是实现治校的前提

"法者，治之端也。"依什么样的法来治理学校，这是教育现代化的根本性问题。

在依法治校实践过程中，有三个层面的法必须贯彻落实。

（一）《中华人民共和国教育法》和党的教育方针

《中华人民共和国教育法》是教育领域的根本大法。2021年4月29日，十三届全国人大常委会第二十八次会议审议通过了教育法修正案，将我国的教育方针规范表述为："教育必须为社会主义现代化建设服务、为人民服务，必须与生产劳动和社会实践相结合，培养德智体美劳全面发展的社会主义建设者和接班人。"若置国家"五育"并举的教育方针不顾，依据自己学校的"土制度"，连最起码的开齐开足国家课程都做不到，这是对法治精神的严重亵渎，也是对"依法治校"的严重漠视。

（二）教育政策文献和技术标准

自党的十八大以来，陆续出台了《关于深化教育体制机制改革的意见》《关于深化教育教学改革全面提高义务教育质量的意见》等政策文献。2022年4月，教育部颁布了《义务教育课程方案（2022年版）》和语文、数学、英语等16个课程标准。这些政策文献和技术标准是国家教育方针的具体化，是国家意志、教育科学和理念的实际操作办法，这也是法的重要内容。

桐乡市高桥实验学校教育集团高桥实验学校，每年由校长室修订一本《教育法律法规政策汇编》（到2024年版，已近68万字），然后发给全体行政班子成员和教师，目的就是要让他们了解国家有关教育的法律、法规、政策和技术标准，依法从教，依法治校。

（三）学校章程、制度和规划

章程是一所学校内部治理的"根本大法"。规章制度是调节学校内部关系的重要载体。学校每年在教代会前夕向代表征集提案，形成制度修改的条款，提交教代会审议，进行第一次"民主集中"。在教代会上代表们分组讨论，提出修改意见，主席台汇总各组意见后，对条款再次进行修改，提交教代会表决——这是第二次"民主集中"，以此来不断完善学校规章制度。

发展规划是学校治理的方略，制定规划须坚持上下联动，内外互通。在制定发展规划前，向全体教师征求意见，学校领导走访各村和社区支书征求建议。在此基础上，党政会议集体商议规划的框架，由各条线分管副校长分头起草规划内容，规划起草领导小组讨论后将文案发给全体教师，再次征求教师的意见和建议，修改后提交教代会审议。

二、程序是贯彻依法的路径

基层民主是全过程人民民主的重要体现，程序则是民主的重要表现形式。通过民主的程序，可以保障广大教师和干部的知情权、参与权、表达权、监督权。

（一）立法的民主程序

2019年7月，三个法人单位合并组建了桐乡市高桥实验学校教育集团高桥实验学校。合并之初的一个重大难题是，原先各校的规章制度各不相同，怎样尽快统一规章，协调步调？依靠教代会，效率低下。学校做出一个大胆尝试——通过全体教师表决，赋予党政会议在学校合并过渡时期整合规章制度的权力。每周党政会议，审议通过若干规章制度并发布，仅用一个学期，完整的规章制度整合完成，为学校的依法治校奠定了良好的基础。

学校还创造性地由教代会选举产生"制度审核委员会"，其19位成员全部由一线教师担任。在教代会闭会期间，一些事关教师切身利益的制度，则提交制度审核委员会审议。这就保障了学校立法的广泛民主。

（二）决策的民主程序

2021年11月，中央颁布了《关于建立中小学校党组织领导的校长负责制的意见（试行）》。建立党组织领导的校长负责制是中小学校治理体系和治理结构的一次重大变革，也是今后一个时期中小学校党的建设的重点任务，意义重大，影响深远。[2] 这是"保证党的教育方针和党中央决策部署在中小学校得到贯彻落实"的重要举措。

在这一制度设计中，"建立健全议事决策制度"是核心内容之一。学校将"党政会议议事机制"作为贯彻落实党组织领导的校长负责制的重要抓手，形成了一套"民主化"的操作机制。

为充分调动每位总支委员的积极性和工作能动性，学校实行党政会议轮值主席制、校区轮办制。每个月由一位总支委员担任轮值主席，承担议题确定、会议主持、简报编制等工作。每周由党政会议轮值主席在行政钉钉群中发布"党政会议议程"，行政班子成员均有权在线编辑相关议事提案，党政会议轮值主席负责审议确定该次会议的最终议程。会后，由党务办主任、办公室主任起草会议简报，轮值主席审议

修改，经书记审核后向全体行政班子或全体教师发布。

三、治理是落实依法的核心

依法进行治校的最终目的是实现"治"。有了法，却不将法转变为具体的实践抓手，是达不到"治"的效果的。因此，依法进行治理，将法转化成各种机制，才是依法治校的核心要义。执行机制、研修机制和协商机制是学校治理的三个重点。

（一）执行机制建设

依法治校必须将国家的教育方针、政策文献、课程标准等转化为学校的办学实践和教师的育人实践。

育人目标的实现必须依托育人载体，这就离不开学校的课程建设。为了贯彻落实《中共中央、国务院关于全面加强新时代大中小学劳动教育的意见》，学校租用围墙外的15亩水稻田作为劳动实践基地；在校园内开辟若干旱地，种植中草药和蔬菜，并建设智能化种植大棚；开展荷花盆栽项目化学习；建设创客教室，引进无土栽培种植箱开展智慧化农业实践；在校园内建设展陈传统劳动与生活用具的"农博馆"。以此搭建了包括一田、一地、一园、一室、一馆的劳动教育课程载体。

只有建设了实实在在的载体，停留在文字层面的法才能转变成摸得着、看得见的行动，才有可能产生实效，才是真正的治理。

（二）研修机制建设

学校的治理，相比于乡村治理、企业治理等，一个很大的不同点是学校工作有

"学术性"。《义务教育课程方案（2022年版）》中规定："学校要组织教师参与各级各类课程、教材、教学、考试评价培训，定期开展校本研修……增强教研供给的全面性与均衡性，实现学段全覆盖、学科全覆盖、教育教学环节全覆盖，强化薄弱环节，确保各类各项教研活动发挥应有的服务、引领作用。"[3]

学校以集团教研组、6—9年级段教研组、小学部教研组、校区教研组等形式，实现了教研组组织建设的全覆盖；每个教研组每周半天不排课，专门用于校本研修；建立行政联系人制度，每次活动制订研修方案由行政联系人审核后执行，必要时邀请专家进校指导，不断提升校本研修的实效性。学校将研修机制建设作为优化学校内部治理、加强教学管理的重要抓手，形成了良好的研究氛围，有力地促进了教师之间以学术为纽带的健康人际关系的建立。

（三）协商机制建设

治理不等同于管理，管理的程序是上对下，而治理的程序则是"上下联动"。党的二十大报告提出，要"拓宽基层各类群体有序参与基层治理渠道，保障人民依法管理基层公共事务和公益事业"。良政善治，就"要建立起多元主体协同治理制度，畅通各主体的利益诉求表达渠道"[4]。

学校工会创造性设立"众智联系单"，广大教职工随时随地可以将"众智联系单"提交给工会主席，向学校表达诉求、反映问题、贡献智慧，由校长室安排沟通答复、帮助解决问题。"众智联系单"成为联系干部和教师的重要纽带，给广大教师参与学校治理提供了低门槛、方便的渠道，提升了广大教师的学校治理主动性。

依法治校是国家依法治国战略的基层实践，是实现学校治理现代化、教育现代化的重要路径。各校地域、校情千差万别，但只要抓住依法治校的依法、程序和治理三个关键，厘清三者之间的内在逻辑，就能创造性地想出点子、探出路子，形成依法治校的典型经验，促进学校的高质量发展。

【作者简介】沈德明，男，浙江省桐乡市高桥实验学校教育集团总校长，高桥实验学校书记、校长。

参考文献

[1] 吉纳·E.霍尔，雪莱·M.霍德.实施变革：模式、原则与困境[M].吴晓玲，译.杭州：浙江教育出版社，2004.

[2] 李奕.以首善标准稳慎推进中小学校党组织领导的校长负责制改革[J].人民教育，2022（12）：12.

[3] 中华人民共和国教育部.义务教育课程方案（2022年版）[M].北京：北京师范大学出版社，2022.

[4] 辛涛，李刚.高质量基础教育体系的新时代内涵[J].人民教育，2021（01）：19.

基于关系空间的教育生态构建

◎ 沈春媚／江苏省常熟市凯文小学

摘 要 人的本质深刻植根于错综复杂的关系网络之中，这一网络正是由个体间相互依存、相互作用的多样联系所构成的关系空间。学校良好教育生态的构建，正基于关系空间的营造。本文探讨了干群关系、师生关系、家校关系及校长和中层等关系的定位，指出管理者与教师要做相互赋能的欣赏者，教师与学生要做相互发展的互助者，学校和家长要做和谐共生的同盟者，校长和中层要做有效协作的共创者，从而激发学校内在活力、滋养精神文化之基，使教育生态展现蓬勃生机与无限可能。

关键词 关系空间 教育生态 学校文化 文化建设

世界的本质非单一实体之"你"或"我"，而是深植于"我"与"你"的动态关系之中。人的存在及其意义，在于其与周遭环境、他者构建并维系复杂多样的关系网络。教育，作为社会活动的核心组成部分，其本质就在关系空间的动态交互与持续生成之中。良好教育生态的构建，关键在于营造以"人"为核心的关系空间。干群关系、师生关系、家校关系以及校长和中层等关系的深度联结是构建学校良好教育生态的关键。优质的关系空间构成和谐的教育生态基石，促进教育系统的和谐演进与正向循环，进而驱动社会持续进步。因此，好的关系，即好的教育。

笔者所在学校坐落于常熟新城文化核心区域。自建校伊始，学校即致力于构建紧密、高效、和谐的关系空间，个体既自我觉醒亦相互赋能，成为彼此生命中不可或缺的"重要他人"，催生强大的关系力，驱动学校持续发展。

一、管理者—教师：做相互赋能的欣赏者

人是塑造关系空间的主体，教师的工作热情与积极性是推动学校持续发展的核心动力。除了物质激励与合理调控工作负担外，更需聚焦于干群关系的深度转型，从传统的管理与被管理模式迈向开放包容的伙伴关系，做相互赋能的欣赏者，促进团队协作创新氛围的形成。

我们成立了教师成长"种子学院",设计了读、行、思、炼四大课程体系,全方位促进教师的专业发展与个人成长。

在"读课程"中,管理者担任领读员,通过"凯风读书会"这一平台,引导教师深入阅读,促进智慧碰撞与交流。作为校长,笔者对每篇心得体会都一一阅读,并进行一对一或全校性反馈,带动干部一起点评互赏,让教师感受到被尊重,激发其内在的学习动力与热情。

"行课程"聚焦于教学实践的专业化,鼓励教师以"七认真"为标准,制定个性化的《成长三年规划》,明确发展目标。针对学校年轻教师众多、骨干教师相对缺乏的现状,我们提出"三人行有我师,人人皆可为师",成立"明师工作坊",教龄三年的带一年的,教龄五年的带三年的,让处于各个发展层级的教师更快成长。教师申报上"种子课""生长课"等,针对不同课型,工作坊组织团队分批磨课,为教师提供实践锻炼与反思提升的机会。

"思课程"侧重培养教师的研究意识与反思能力。我们利用"故事力"工具,借助"凯风故事会"等平台,鼓励教师分享教育故事。"我与学校共生长""我工作的前五年""把问题当成课题""班级管理金点子"等主题,让大家找到共鸣,建立真实而深刻的人际关系网络。笔者还通过"校长微视点"栏目,以文字形式分享日常管理的观察与思考;"小晨会,大舞台""课后服务,做教育有心人""大课间,我们都是教练"等,以平实的语言传递教育理念与管理智慧,并贴上教师工作中的照片,拉

近心灵的距离,也树立了行为规范和榜样。

"炼课程"倡导淬炼师德师能,提升素质。管理者和骨干教师在语言表达、书写能力、微型课题等方面对青年教师进行专项指导。如以"教育心语"或"传统文化"为内容,每周进行粉笔字书写活动并全校展示,已成了一道亮丽的校园风景线。学校还通过开展"最美备课"评比、"创新照亮课堂教学"教学设计赛、"双减"背景下作业创新赛、板书设计展等不断锤炼教师,让每一位教师成长为丰富、智慧、幸福的个体。

我们还注重从情感层面构建良好关系。每年教师节,笔者都会根据对每位教师的深入了解,书写贺卡;年末时,针对不同家庭情况,给教师家属写短信,感谢他们的支持与奉献。细微之处的关怀,不仅增强了教师的归属感与幸福感,也巩固了干群之间的情感纽带。

管理者与教师之间关系空间的构建,是一个多维度、深层次的过程。它不仅要关注教师的专业成长与职业发展,更要关注其情感需求与个体差异。通过开放包容的伙伴关系、个性化的成长支持、深入的情感交流等举措,我们为教师成长与学校发展注入了源源不断的动力。

二、教师—学生:做成长发展的互助者

教育的本质,深植于教师辅助下的儿童自主发展之中。教师肩负的是培育未来之任,非简单如园艺师般修剪枝叶,而须激发儿童内在的自省与成长动力。

凯文小学在初创阶段便提出了"相信种子,守望成长"的办学理念,该理念根

植于叶圣陶的儿童教育哲学，强调儿童如种子般蕴含自我生长之力与独特节律，教师应营造适宜环境，助其自主绽放。师生之间是互助关系，这一理念便是对儿童的深刻尊重与信任，视儿童为拥有自我生长、自觉发展能力的生命体。教师作为教育节奏的引领者、帮助者，须洞悉儿童成长的规律，精心培育师生关系，以此激活整个教育生态的盎然生机。

在当下，构建积极的师生关系，首要在于确立学生在校园中的主体地位——他们是学校真正的主人。步入凯文小学，映入眼帘的是由学生亲笔书写的校名，每月更替。"我的校名我书写!"不仅彰显了儿童的创造力与归属感，更传递出学校与师生间平等亲近的关系理念。此举打破了传统权威界限，让教育回归本真，师生在相互尊重与信任中共同成长。

教师的言行举止，作为重要的教育媒介，对学生品德与行为的塑造具有不可估量的影响。学生也是教师的一面镜子，教师在学生的品行中照见自己，因此，学生也在"助"教师成长和发展。当这种影响力深入骨髓，成为师生共有的行为范式，学校便构建起一个良性循环的生态系统，每个人均能在相互激励与促进中，实现自我超越与集体繁荣。师生关系之树繁茂，必将惠及家校社协同教育体系的每一个角落，营造出生机勃勃的教育绿洲。

三、学校—家长：做和谐共生的同盟者

家校关系，作为教育领域中复杂而微妙的议题，常面临诸多挑战与误解，其和谐共生的"协同"机制被视为推动教育高质量发展的"最后一公里"。打破壁垒，共创一个基于沟通、认可、人文关怀及成长支持的共建共享关系空间——不要和问题一起，打败学校；而要和学校一起，打败问题! 这是我们的追求方向。

鉴于家庭背景与教育理念的多样性，实现家校间的高度一致确属不易。为此，我们采取了一系列策略促进家校双方的理解与协作。期初，学校设立"家长成长营"，深入阐释学校的办学理念、教育策略及具体措施，旨在为家校合作奠定坚实的思想基础；期末，通过"家长评议学校"机制，鼓励家长与学生共同参与对学校的评估，利用数据分析与留言汇总的方式，系统性地收集、逐条分类，提出有针对性的改进措施，确保家校沟通渠道的畅通无阻与高效运转。笔者也会和教师分享家长留言："学期初，我怀着忐忑的心情把孩子送到学校，现在经过一整个学期，我悬着的心放下了，感谢老师兢兢业业为孩子们操心，相信在师生、家长的共同努力下，孩子们会越来越好!"这给了教师莫大的支持和鼓舞。

我们创新家访模式，如"留言式""报喜式"专访、"组团式""会诊式"家访等，满足不同家庭的需求与偏好，增强家访的吸引力与实效性。同时，"家长开放日"与"家长进课堂"等活动，更为家长提供了近距离观察学校运作、了解孩子学习状态的宝贵机会，有效促进了家校之间的透明化与信任建设。

我们还精选家长代表，组建"时雨行

动"团队，定期举办"时雨家话"主题沙龙，聚焦家庭教育中的热点、难点问题，如情绪管理、亲子沟通等，通过互动游戏、头脑风暴等激发讨论，邀请家庭教育指导师与心理健康教师提供专业指导，实现了家教知识的普及与技能提升。"时雨家话"读书沙龙等的举办，也进一步促进了家庭教育理论与实践的深度融合。

在数字化时代背景下，我们还开辟了"凯风心语"等线上栏目，定期征集并解答家长在家庭教育中的困惑，已累计推出如"为什么不宜把手机带入校园""不爱劳动怎么办""如何用好奥运教材"等涵盖学生成长诸方面的线上课程40多期，有效拓宽了家校沟通渠道，提升了指导服务的时效性与针对性。

通过创新合作模式、深化沟通机制、强化专业指导与技术支持，我们逐步打破了家校之间的隔阂与障碍，共同营造着一个有利于儿童全面发展的教育生态环境。

四、校长—中层：做有效协作的共创者

在学校管理体系中，中层干部常扮演着"桥梁"与"枢纽"的角色，他们既要深刻理解并执行上层决策，又要有效引领并优化基层执行，其角色复杂性与重要性不言而喻。在新建学校，中层队伍往往面临人数不够、经验不足、职责模糊等挑战，如何科学赋能、合理减负、有效协作，成为提升学校管理品质的关键。

校长作为关系空间的导航者，须具备敏锐的洞察力与高度的整合能力，通过关系链的精心调适与重构，引导中层干部主动协作、积极共创，促进校内外的相互包容、理解与认同，进而达成动态平衡，激发学校的内在活力与创新能力。

鉴于中层群体的特殊地位与现状，我们采取了一系列创新策略，通过"凯风读书会之管理篇"，引导中层干部在微阅读、微讲座、微分享中深化自我认知，明确角色定位，强化跨部门协作意识，进而促进学校内生系统的良性运行。

针对中层发展困境，我们实施了管理结构的战略性重组，采用"网格化""扁平化"管理模式，减少管理层级，提升管理效率。通过精细划分德育、教导、总务三大部门及其下辖的九条线，实现了管理职责的清晰界定与高效整合。同时，引入管理导师制度，由分管校长"导师式"领导部门工作，压缩层级，减少环节，加强资源整合，强化了管理决策的执行力与灵活性。每位中层干部按照管理逻辑再组建小团队，自主设计岗位理解、未来运行方案、个人发展规划及成长支持需求，形成了既独立又协同的工作格局。

项目管理作为中层干部能力提升的重要途径，在学校得到了深入实践。中层干部为项目核心，负责从项目策划到实施验收的全过程管理，通过自主申报、科学规划、合理组织、多维指导、协调控制，实现工作目标。每个项目都有"树形"策划图，总项目为"树干"，围绕项目的各项活动（小项目）为"枝叶"，大小项目均有策划书，按照确定目标—配置资源—组织协调—验收复盘的路径推进。几年来，德育条线的"凯风""沃野""时雨""煦日"四

大赋能行动深入人心，班主任"蓄力生根""奋力拔节""聚力育穗"计划也初见成效。教学条线的"晨光读吧""午语时光""晚风文苑"等常态化阅读方式深受喜爱，后勤条线的"小种子大食堂—食育课程"之"餐桌礼仪""美食文化""品质提升"课程，也在区域内有一定影响。这些都是中层中部与团队一起研发的项目。

"凯风故事会"作为复盘与反思的重要平台，鼓励中层干部公开分享项目经验，直面挑战，提出改进方案。这种开放式的交流机制，不仅促进了中层干部之间的相互学习与借鉴，更在全校范围内营造了一种尊重、理解、倾听与共建的文化氛围。通过复盘演讲，中层干部不仅加深了对管理过程的理解，更在反思中实现了关系转变、行为转化。在这样的生态中，大家更乐意沟通和交融，激活自身能量，进一步促进管理转型。

这些策略不仅提升了中层干部的管理能力与专业素养，更在全校范围内形成了一种积极向上、勇于探索的管理生态。未来，学校将继续深化管理改革，优化资源配置，为中层干部提供更加广阔的发展空间与更加坚实的支持体系，共同推动学校教育事业的高质量发展。

五、结语

学校作为人才培养与人际互动的枢纽，其中的关系不仅局限于干群、师生、家校等传统维度，更须拓展至教育与文化、生活、生产等多维度"关系链"的激活与融合，以彰显教育的多维意义、价值及功能。如教书与育人、教与学的关系等，都是探索的永恒主题。今后，我们还将致力于运用"关系的力量"，将宏观的社会关系转化为具体的学校文化元素，构建起基于办学起点与理念的独特精神家园。

【作者简介】沈春媚，女，江苏省常熟市凯文小学书记，凯文小学一体型集团总校长，江苏省特级教师，正高级教师，江苏省"333高层次人才培养工程"培养对象。

参考文献

[1] 沈曙虹.学校文化战略策划 [M].北京：现代教育出版社，2014.

[2] 张东娇.当前学校文化建设和研究的三个长进点 [J].中小学管理，2021（8）：10—13.

[3] 郭晓娟.校长领导力的四个重要维度 [J].教育理论与实践，2022，42（14）：20—22.

基于儿童品格提升的文化育人行动的实践探索

◎ 李永超　李立辰　高修军 / 江苏省邳州市南京路小学

摘　要　学校是实施文化育人行动、提升学生良好品格的主阵地，我们要立足于学校和学生的实际，承担起文化育人的时代使命，践行"行正知新'三五三'文化育人行动"，以中华优秀传统文化为抓手，以打造三大育人基地、实施五大育人课程为重点，通过环境育人、课程育人、活动育人三大途径，助力学生热爱祖国、遵守规范、勤于学习、乐于创造等关键品格的提升。

关键词　文化育人　行正知新　育人课程　儿童品格

习近平总书记在中共中央政治局第三十九次集体学习时的讲话中指出："中华优秀传统文化是中华文明的智慧结晶和精华所在，是中华民族的根和魂，是我们在世界文化激荡中站稳脚跟的根基。"让儿童的心灵从小接受中华优秀传统文化的滋养，增强文化自信，塑造良好品格，增强使命担当，是中小学教育的基本责任和义务。学校要全面贯彻习近平新时代中国特色社会主义思想，将社会主义先进文化、革命文化、中华优秀传统文化等有机融入学校教育活动，通过课程的实施，培根铸魂，启智增慧，把学生培养成为有理想、有本领、有担当的人。学校是实施文化育人行动、提升学生良好品格的主阵地，我们要立足于学校和学生的实际，承担起文化育人的时代使命。

文化育人，即将中华优秀传统文化、革命文化、社会主义先进文化引进校园，通过文化建设、课程实施、活动实践来达到育人的目的。近年来，学校一直致力于校园文化的建设，在文化育人行动中，遵循德育为先、"五育"并举的原则，积极拓展校本育人实践路径，以传统文化育人为中心抓手，以校园文化的建设、特色课程的实施、实践活动的开展作为系统性支撑，落实立德树人根本任务。

"行正知新'三五三'文化育人行动"是南京路小学助力儿童品格提升的校本育人实践行动，基于社会主义核心价值观的培育和践行，学校坚持"行正知新"办学理念，坚定育人方向，以中华优秀传统文化为抓手，以打造三大育人基地、实施五大育人课程为重点，通过环境育人、课程育人、活动育人三大途径，培养具有热爱祖国、勤于学习、乐于创造等关键品格，堪当民族复兴重任的时代新人。

一、着力打造三大文化育人基地

一所学校，入目所见的校园文化最能感染和影响学生。学校因地制宜，着力打造了具实可感的文化育人基地，将中华优秀传统文化巧妙融入校园文化建设，让学生在耳濡目染中接受文化的熏陶，在潜移默化中形成良好的品格。

（一）建设"我爱校园·我爱家乡"大型浮雕文化墙

学校在行正楼的连廊墙壁建设"我爱校园·我爱家乡"大型浮雕文化墙。该文化墙由教师自主设计创作，结合浅浮雕技法共绘家校美景，内容取自家乡和校园，整合了大运河、钟楼、隆欣阁、六宝塔、高铁站、水杉路、红枫园等城市名片，融入了代表邳州的银杏、大蒜等特产元素。学生每天经过文化墙，家乡的美丽风光、特色建筑、丰富特产尽收眼底，时刻感受着家乡的发展、生活的美好，作为邳州人的自豪感油然而生。每次学校举行活动时，文化墙就成了学校德育的小阵地，小小讲解员声情并茂地向来校的领导、老师、家长介绍文化墙，表达着爱家乡、爱校园的情感。这样，学生心中有学校，有家乡，以后无论走到哪里都能将家乡印在心底，以家校为傲，心怀家国，在人生中乘风破浪。

（二）建设"行正知新"成长文化长廊

"行正知新"是学校的办学理念，学校将行知楼和行正楼之间的二楼连廊打造成成长文化长廊，设立了行正门、行知门、行新门、行强门四道门，分别雕刻了"南小育规范，七彩绘童年""雏鹰应展翅，少年当求知""胸怀凌云志，行走创新途""运动筋骨健，探索精神强"等标语。连廊两侧精雕彩绘，将传统文化与学生发展融为一体，学生走过长廊，感受成长力量。"行正知新"成长文化长廊时刻引领着学生遵守规范，刻苦求知，拼搏创新，成长为一个身心健康的新时代儿童。学校举行入学仪式、入队仪式、成长仪式时，走成长门也是必不可少的一个环节。

（三）建设"桂墨书苑"阅读文化长廊

学校一直致力于书香校园的建设，在图书馆门前花园里建造了"知新亭"，将行知楼和行正楼之间的一楼连廊打造成阅读的净地，即"桂墨书苑"阅读文化长廊。浓郁的桂花香气与甘醇的书墨香气融为一体，成了学校里最美的一道风景：书立于连廊支架之上，学生手捧书籍或围坐于小亭之中，或静坐于条凳之上，优雅的阅读环境让学生爱上读书，爱上学习。

二、精心开发五大文化育人课程

文化的学习和传承离不开课程的开发，课堂也是学生感受、学习和传承中华优秀传统文化的平台。为此，学校立足传统文化、地方文化和校园实际，精心开发了各具特色的文化育人课程，将优秀的中华传统文化项目与国家课程、校本课程有机结合，让学生在亲身体验中感受文化的特色和魅力，进行文化的学习和传承，学生乐于学习、乐于探究、乐于创新的良好品格也在课程中得到培养和提升。

（一）开发"龙凤呈祥"文化诵读课程

诵读经典一直是学校的特色，学校立足中华传统文化，将语文学科与经典诵读课程进行整合，建立了经典诵读常态机制。每天晨诵课，教师带领学生在充满仪式感的氛围中，吟诵传唱龙凤文化、古典诗词、经典美文，感受中华古典文化的精髓。此外，学校还开设了"红色诵读"校本课程，将爱党爱国爱英雄、爱校爱家爱模范作为诵读主题，口口传颂，心心相念，学生在诵读中不断提升良好品格。

（二）开发"我爱校园·我爱家乡"综合实践课程

学校围绕"爱校园，爱家乡"这一教育主题，不仅创作了"我爱校园·我爱家乡"大型浮雕文化墙，还充分利用身边的优质资源，家校携手，带领学生走进小萝卜头纪念馆、王杰烈士陵园、碾庄烈士陵园等红色教育基地，接受爱国主义教育的洗礼；走进沙沟湖、银杏湖、时光隧道、红枫公园等地方景点，走进银杏馆、博物馆、规划馆、图书馆等公益场所，感受邳州的美丽风光、人文历史和城市精神。活生生的"我爱校园·我爱家乡"综合实践课程，让学生铭记自己生活的城市，学生爱祖国、爱家乡、爱生活的美好情感油然而生。

（三）开发"龙腾虎跃"校园武术课程

武术是中国传统文化的国粹之一，也是中国独特的民族体育项目。学校对体育学科与传统武术课程进行整合，选聘专业的指导教师，组建传统武术社团。学生在训练场上龙腾虎跃，整齐的队列、嘹亮的口号，形成了一道活力四射的风景，呈现出学生成长的风采。此外，学校还开设了跆拳道社团、篮球社团、足球社团、轮滑社团等，学生在强身健体的同时，感受体育的魅力，享受运动的快乐。

（四）开发"珠拨心算"校园思维课程

珠心算是开发儿童智力潜能的"金钥匙"，有助于训练学生的思维敏锐性，培养学生的注意力。学校对数学学科与校园思维课程进行整合，培训和引进师资，开设了珠心算特色课程。该课程让学生专注力得到了训练，思维力得到了锤炼。近年来，学校"珠拨心算"校园思维课程取得了显著成绩，学校被授予"徐州市珠心算实验学校"荣誉称号。

（五）开发"绘剪塑绣"美术手工课程

绘画、剪纸、泥塑、刺绣等项目都是中国传统文化的瑰宝。学校对美术学科与传统手工课程进行整合，组织具有专长的教师和校外辅导员开设了传统艺术手工社团。学生跟着教师一起绘出各种画面，剪出各种图案，捏出各种造型，绣出各种样式，开绘画作品展、剪纸作品展、泥塑作品展……一件件精美的手工艺术品折射出学生对中华传统艺术的热爱，学生勤于动手、乐于创造的品格也在手工制作中不断得到培养。此外，美术手工社团师生还参加了"美化城市"文明实践活动，他们化身"城市修缮师"对道路进行修补和美化，赢得了市民的一致好评，此项活动还被"学习强国"平台报道。

三、大力拓展三大文化育人途径

无论是打造育人基地，还是开设育人课程，都指向一个目的——文化育人。学校依托三大文化育人基地的建设，在五大文化育人课程实施的基础上拓展多元化的文化育人路径，让学生在具实的文化育人行动中，感受中华优秀传统文化的魅力，在学习和实践中不断培养和提升自我成长的关键品格。

（一）环境育人，学生在环境熏陶中浸润心灵

校园环境是展现学校文化的重要载体，在校园环境建设中渗透中华优秀传统文化，能让优美的校园环境起到"无声胜有声"的育人效果，陶冶情操、浸润心灵、启迪智慧，帮助学生养成健全的人格，塑造正确的世界观、人生观、价值观。为此，学校充分发挥环境育人的作用，合理利用校园的建筑布局，精心打造了三大文化育人基地："我爱校园·我爱家乡"大型浮雕文化墙，"行正知新"成长文化长廊，"桂墨书苑"阅读文化长廊。学生徜徉其间，在耳濡目染中受到中华优秀传统文化的感染和熏陶。

（二）课程育人，学生在课堂学习中塑造品格

为了传承和弘扬中华优秀传统文化，学校结合地方特色文化，整合家校社力量，开发了丰富多彩的校本课程。课程的实施围绕学校推行的"三段转化式"教学模式展开，即将传统文化的学习落实到"情境学、计时练、对比讲"的课堂教学实践之中。立足"情境学"，学校不仅布置了各具特色的专项文化课程教室，设计了相应的传统文化学习情境，让学生在浓烈的氛围中学习博大精深的中华优秀传统文化，还充分利用校内外资源，相继拓展了"行走的历史——博物馆进校园""走进银杏馆——银杏文化研学""走进四王村——民俗文化体验"等一系列情景式学习课堂。立足"计时练"，教师制定了课程学习的规划，关注技能习得的时段，明确任务完成的节点，保证学生对传统文化项目的学习见效果、出成果。立足"对比讲"，学生讲述体验经历，畅谈创新构想，分享学习成果，不断强化学生在传统文化课堂中的个性化学习体验。通过"三段转化式"课堂学习，不仅让学生对传统文化知识学得扎实，还让文化的传承真正落地生根，塑造学生勤于动手、乐于创造、勇于表达等关键品格。

（三）活动育人，学生在活动实践中培养情感

为了丰富学生学习中华优秀传统文化的体验，学校每年都会举办诗词大会、武术操比赛、阳光风筝节、元宵闹花灯等传统文化主题实践活动，为传承中华优秀传统文化注入新的活力，学生也在一项项活动中热爱祖国文化，展示能力，提升自我品格。

此外，学校定期组织学生走进红色教育基地，走进地方风景名胜，走进社会公益场所，通过"欣赏家乡风光""走近红色

英雄""清明祭英烈""宣讲王杰精神"等一系列与地方文化、革命文化关联密切的实践活动，激发学生爱祖国、爱家乡的情感，有效地实现了文化育人提格的目的。

学校的"三五三"文化育人行动，通过打造文化育人基地，设计文化育人课程，拓展文化育人路径，建设了文化育人新样态，引领学校走出了一条文化育人特色发展之路。通过具体的文化育人行动，学校不仅发挥了传统文化之于儿童成长的价值，实现了儿童品格的提升，还达到了立德树人的目的。在今后的工作中，我们将继续优化文化育人方式，增强其与学校文化、课程、活动的有机融合，大力彰显办学特色，提升教学品质，为儿童的终身成长奠基，为教育高质量发展做出更大贡献。

【作者简介】李永超，男，江苏省邳州市南京路小学党支部副书记、副校长，高级教师；李立辰，男，江苏省邳州市南京路小学副校长，一级教师；高修军，男，江苏省邳州市南京路小学党支部书记、校长，"苏教名家"培养工程培养对象，"333高层次人才培养工程"培养对象，特级教师，正高级教师。

（上接第 19 页）

[2024-08-08]. http://www. gov. cn/xinwen/2015-09/28/content_2939833. htm.

［3］［4］［6］［8］中华人民共和国教育部.普通高中英语课程标准（2017 年版 2020 年修订）［M］.北京：人民教育出版社，2020.

［5］杜卫.论审美素养及其培养［J］.教育研究，2014（11）：24—31.

［7］何齐宗.审美素养：教师创造教学艺术的基础［J］.教育研究，2005（07）：82—84.

［9］刘爱萍.英语教学中的美学欣赏［J］.课程·教材·教法，2006（09）：48—51.

新时代百年老校文化建设的创造性转化与创新性发展

◎ 洪 榴/江苏省常熟市实验小学

摘 要 好的教育必定生长在好的学校文化中。基于一所百年老校文化建设的现状分析，笔者认为，既要充分传承好学校办学历史积淀下来的优秀底蕴，又要紧跟时代脉搏有所突破，学校文化建设必须在创造性转化和创新性发展上下功夫。

关键词 百年老校 学校文化 创造性转化 创新性发展

影响一所学校发展的因素，既有学校所拥有的物质、师资等各类资源，又取决于这所学校有着怎样的文化生态。学校文化建设是一个综合性的、复杂的系统工程。在这个日新月异的世界里，教育面临着重大的挑战和机遇，学校文化建设同样面临很多新生的问题和挑战。以常熟市实验小学为例，百年的办学历史已然形成了富有特色的学校文化，取得了优异的办学实绩，教育教学质量得到了社会各界的广泛赞誉。随着时代的飞速发展，学校发展站在新的历史路口。审视学校的文化建设，大致遇到以下几方面的挑战：

空间环境陈旧性逐渐突出，文化互动参与度明显薄弱。作为学校文化重要方面的校园环境，在经历了漫漫岁月的洗礼，空间、物件、环境布置等陈旧化越来越严重，较多的空间已然无法适应当下的学习，环境空间缺少新鲜感和生长性，不能满足师生对美的校园学习和生活空间的需求。

思维模式定式化日趋严重，突破陈规的创新力乏善可陈。教师的教育教学理念和习惯逐渐成为定式，缺乏主动创新意识和能力。管理团队思变动力不足，"以前就是这样的"成为管理或是行动的口头禅，传承已然演变成了墨守成规而不自知。

自我发展生长力储备不足，与时俱进时代感亟待增强。百年老校的教师结构相对稳定，年龄结构相对偏高。随着时代的飞速发展，需要教育者有前瞻性视野和高超的学习力。如何引领教师迎接数字化转型，勇敢拥抱新技术，具有数字化能力素养，助推教育高质量发展迫在眉睫。

因此，做好创造性转化和创新性发展

是百年老校文化建设的重要思路和实践路径。

一、寻美：学校文化建设的创造性转化

百年老校的深厚底蕴是优势，"传承而不守旧"，用美的目光寻找并挖掘新的生长点，是学校文化建设的有效途径。

（一）寻空间之美：历史底蕴与时代发展共舞

校园空间是特殊的文化存在，舒适、自由、健康又有意义的文化空间在潜移默化中影响着每一个身处其中的人。老校的空间改造是难题，是挑战，更是机遇，充分挖掘已有资源并创造性转化，能为成长和发展提供充满深厚底蕴的最佳环境。

1. 焕发时光之美

学校有一片鹅卵石铺成的庭院广场，经历风吹雨打，部分鹅卵石已经松动，庭院的维修方案有两个：一是在损坏的地方修补；二是把鹅卵石地面改为更加平整的水泥地或草坪砖。有没有第三种方案呢？在反复斟酌设计后，我们创造了一条"时光的河"：沿着庭院动线，保留一条鹅卵石小径，其他区域铺上平整美观的庭院砖。这样既保证了活动安全，又让载着历史感的鹅卵石得以艺术地保留。毕业的学生回到母校，依然能够回想起他们学生时代这个庭院的模样。老校空间因此有了更多审美和教育意蕴。

2. 丰富自然之美

用教育的眼光来看自然，墙壁、廊道、庭院、山石、小径，甚至是吹过的风，都能有美的样子。学校有两条空中长廊，原

先为了安全起见不能通行。我们在这两条空中长廊里种上花和蔬菜，成为学生进行劳动实践的场所，美丽的花儿和蓬勃的蔬果，让从前的禁区成为景区。再如，我们把杂乱的小花园，种植上可供观赏的中草药，改造成百草园，开展中医药课程。自然美景和课程实施相得益彰。

3. 充盈人文之美

校长办公室是一个非常特别的空间。我精心改造了办公室的布局，使其成为一个小小的儿童会客厅：这里准备了儿童桌椅、水彩笔、小游戏工具，还有尤克里里、非洲鼓……任何一个孩子都能来办公室和校长聊天，校长的办公室成了一个充满乐趣的儿童天地。对于孩子来说，在校园里永远有个亲切的人能够给他们提供支持。教师路过，也会被映入眼帘的校长和孩子亲切交流的样子所感染。好的空间不说话却能传情。

（二）寻内生之美：主动成长与学校发展同频

促进人的发展始终是学校文化建设的出发点和落脚点。百年老校大多拥有一支较为稳定的成熟型教师队伍。激发每一位教师持续的内在成长动力，营造生动活泼的成长样态，是学校文化建设需要持续探索和实践的。

1. 看见优秀，激发成长动力

传承好在悠久的办学历史中积淀下的学校精神，是持续激励教师成长的重要动力。学校精神一旦凝练成为共识，就不能随意替换。校长要做的是不断地去看见教师的优秀，并使其和学校精神相契合。在

实践中，我们通过各种方式让"优秀"被看见。如学校每年都会举行隆重的"实小故事会"，由教师分享身边优秀老师的故事。再如，校长为每位教师书写生日贺卡，把"优秀"定格、放大，并传递回教师，温暖激励教师的成长。

2. 特色活动，赋能个性发展

学校各个条线、各项工作都离不开活动。但再好的活动，若是一成不变，也会有审美疲劳。我们进行有趣、有意义的创造性转化，让常规活动赋能教师个性化发展。比如，我们把"青蓝工程"结对活动设计成"登门拜师"，徒弟带上自己的拜师帖，到师父的办公室现场拜师；暑假，我们设计"我的马拉松"活动，让教师坚持一项自己的热爱，书法、舞蹈、绘画，甚至做菜、编织等，每天打卡，教师兴趣盎然地参与活动，展现出跨界的无限潜能。

3. 创造惊喜，展现蓬勃样态

在学校里，教师不仅在工作，也在过特别的文化生活。教师时时处处感受到喜悦，在各自工作中也会不断传递。我们设计"各自努力，顶峰相见"的新年登山活动；设计"邑学温暖节"；设计"跑进新年"航拍……年龄不是问题，年轻在于状态。学校不遗余力地设计与教育生活密切关联的惊喜和欢乐，激发出教师的年轻态，教师拼搏昂扬的精神状态让彼此振奋。

二、思变：学校文化建设的创新性发展

随着数字化智能时代的到来，世界的发展速度超乎想象。学校文化要在思变中不断创新，才能更好地解决变化带来的教育问题。

（一）改变思维模式，从制度管理走向价值引领

管理在某种程度上是对人的行为的约束。把外在的要求变成自觉的行动，我们秉承"方法总比困难多"的学校文化传统，同时又增强"还可以怎样""怎样还能更好"的创新求变思维，开展各项管理和活动。

1. 立足时间管理，实现高效率

教师总是感觉时间不够用。会议作为学校管理制度的重要一环，当和教师的实际工作发生冲突时，怎么办？以人为本。我们从教师的需求出发，精减每学期会议次数，精简每次会议时长，精心设计每次会议内容，以图文并茂的演讲方式来呈现。实践证明，减少会议丝毫没有影响上级精神传达和各项工作有效开展。行政管理干部倒逼自己，精心设计每一次会议，提高对分管条线工作的思考力、表达力和执行力。

2. 巧用设计思维，融合向心力

随着时代的发展，家校沟通的方式也越来越多，但走进学生家庭的家访还是不可替代。在家庭生活的具体环境中，教师可以更加真切地了解学生行为背后的原因。我们精心开展带着"礼物"去家访：一封班主任精心为所访学生写的贺信，表扬其闪光之处，表达希望和祝福；一些小礼物，如书、绿植、文具等，有的教师还会带上自己亲手篆刻的图章、编织的挂件、书写的作品……这一份份礼物，连同教育的理念，一起送到学生、家长的手中。我们还精心设计家访的细节，如带着一次性鞋套、

矿泉水，尽量避免打扰。家访前，彼此心中充满期待；家访后，家校关系更加紧密。

3. 重视情绪价值，增强凝聚力

只有以积极的教学情绪贯穿于教学的全过程，才能取得教学活动的成功。[1]办公室这个特殊空间影响着教师的身心。学校办公环境严重老旧，已经不能适应教师工作的需要。学校合理利用，精心设计，进行办公室升级。小改动就解决大问题，如把插座上移到桌面，方便了信息化办公的需求。开展"最美办公室"评比，奖品是教育书籍，把迷你图书馆搬进了教师的办公室。学校还因地制宜地改造临近办公区域的特色场馆，"听松阁""知行斋"等有设计感的场室，供教研组研讨、教师阅读期刊、练习书法、交往聊天……在美的空间里，教师身心放松。改变，从教师群体专业生活方式开始。

（二）改变课程视角，从学科立场走向教育立场

课程建设是学校文化建设的重要一环。本次义务教育课程标准修订旗帜鲜明地把课程从学科立场转向教育立场。学科立场是学科本位论的体现，教育立场则是以人为本的反映。[2]教师的课程理念决定了学校课程建设的实效，需要通过文化建设去推动。

1. 以项目引领助力教育关系重塑

好的教育一定发生在好的教育关系之上。成熟型教师队伍的理念转型，困难和优势并存。困难的是教育教学行为相对固化，优势是教师有着"一切为了学生"的优秀传统。因此，我们抓住了两个苏州市级项目，即"'四有'好老师团队建设"和"基于元认知理论的儿童学习叙事研究"课题研究，引领全体教师用教育的目光不断审视反思和实践探索，从理念到行为持续提升全面育人能力。

2. 以伙伴互助推动学科跨界融合

作为江苏省小学语文特级教师，我坚持"校长邀您来听课"的活动，任何学科任何教师都可以来推门听校长的课。全心全意去享受每一课，"教育，是生命与生命的美好遇见"。这是我们提出的校园文化主张，落地生发在每一节课堂上。打开课堂，更打开勇气。教师积极上公开课，彼此听课的氛围越来越浓。每年最后一个月是"创新月"，各学科教师进行跨学科联合展示。"研究课堂"成为行动自觉，全学科全员育人也成为新样态。

3. 以数智升级赋能隐性课程育人

学校微信公众号上开设了展示学生各方面成长的"邑学i系列"栏目，如签约小作家作品连载、英语朗读者、美术小画童、邑学演讲者……成长需要被看见，通过微信公众号的推送，优秀得以传播。再如运用常见的照片美化、视频剪辑软件，以及PPT等电脑常用工具，将学生的诗歌、教育的名言、学校活动的照片、优秀学生的事迹、每日朗诵视频等，设计成海报式"邑学日签"，每天呈现学生生动活泼的成长样态。

新时代赋予学校历史使命，培养有道德、有责任、具有创新精神的一代新人，学校文化建设遇到了最好的发展节点。回

（下转第42页）

一所百年老校学校文化的表达与建设

——以"弘义文化"为例

◎ 林　希 / 江苏省常熟市大义中心小学

摘　要　学校文化建设是一所学校由普通向优质转变的关键。作为一所百年老校，在传承优秀文化的基础上，须积极整合各方资源，通过空间表达、课程彰显、教学体现、制度变革四个维度迭代升级学校文化建设。同时，将校园文化、人、学校办学形成良性的教育生态圈，推动可持续发展。

关键词　文化立场　空间表达　课程彰显　教学体现　制度变革

在诸多教改举措中，建设学校文化成为整合复杂的内在资源、让学校从规范走向优秀、卓越的一种尝试[1]，它需要人去探寻、自问、实践、迭代。一所百年老校，应在已有的优秀学校文化的基础上，基于对属地文化的挖掘、学校发展历程的回顾、校本资源的梳理，锚定文化原点，进而对办学实践不断自省、探索、升级，通过空间表达、课程彰显、教学体现、制度变革四个维度深化学校文化建设。常熟市大义中心小学（以下简称"义小"）建校112年，在一代又一代义小人干事创业的往复循环中，形成、发展"弘义文化"，推动学校优质发展。

一、学校文化的立场

在学校文化的形成、建设和发展中，管理团队须厘清两个问题：一是塑造学校特有的形象及气质从何而来？二是学校要培养什么样的人？

（一）找寻原点，发现文化精神的内核

俗话说"一方水土养一方人"，各美其美的学校文化建设首先要立足属地文化，它将赋予学校独有性格。义小地处常熟市常福街道大义片区，此地自古以来盛行义风，学校因义而创，根植义土，沐义而行，向义而进，走出了一条"弘义风、聚力量、放光彩"的办学之路。其次，办学底蕴是学校文化发展不可或缺的元素，通过这些来描述学校文化的不同发展阶段，理清学校发展过程的关键人物、关键理念、关键事件，能更好地指引未来发展。[2]

（二）迭代升级，实现文化育人的向往

学校文化的表达、内涵等在办学历程

中并非一成不变，它随着教育视野、资源开发、目标升级等因素的调整而变化。义小文化建设初期以属地和校内丰富的绿色物态资源为抓手，形成学校文化初始样态。随着时间推移，学校融合"义风习习"的地方文化底蕴，提炼"弘义文化"，提出"致良知、行大义"办学宣言，优化培养目标，期望通过六年时间，培养外显大正、大爱、大责之义，内含绿色、阳光、生命的弘义娃，成为社会主义的建设者和接班人。在弘义文化的加持下让每位教师向往优秀、成为优秀、习惯优秀，唤起教师的文化自信、专业自信、课程自信、成长自信。

（三）变与不变，明晰文化发展的坚守

学校文化虽呈动态发展趋势，但也有其坚守。首先是对党的方针政策、教育目标的坚守，弘义之义是对社会主义核心价值观之公正、公平、文明、诚信、友善等要素的追寻，"致良知、行大义"则是立德树人教育的义小表达。其次是秉承"让学生站在学校正中央"的理念，无论是空间建设，还是课程建构，抑或日常教学，学校始终要求教师换位思考，采用适合学生的方式。

二、学校文化的空间表达

校内的空间呈现形成学校特有的文化氛围，师生浸润其间，耳濡目染形成特有气质。学校空间是学校文化形成的阵地，师生间生动有趣的互动，学生呈现的丰富多彩的成果，都是一所学校文化的生动表达。

（一）视觉改造，渲染文化育人的氛围

学校文化凝聚师生发展的内在力量，引领学校正确发展方向。文化呈现须有整体思维，充分利用学校空间，遴选合适的文化内容与素材进行具象化展示，因为物质载体是实现文化育人的主要路径和最直观的表达方式。[3] 义小整体构思布局，利用师生每日必经之地形成弘义文化特色体验群，陈列的大义人、地、物的文字、图片信息，让学生和教师了解生活、工作的这方热土，感悟弘义文化的精神内核。将"致良知、行大义""做一个行大正、大爱、大责之义的弘义娃"等文字，以符合儿童身心特点的形式呈现，使他们在潜移默化中知道自己要成为什么样的人。

（二）功能升级，应和文化育人的目标

学生的全面发展需要丰富多样的学习空间，学校应积极丰富空间功能，赋予教育意义。义小挖掘空间潜能，融入弘义文化之学生发展目标，将原本仅承担通行功能的廊道形成一馆、一园、一廊格局的弘义文化特色体验群。兴建"公望文化研学社""弘义小木屋""弘义鸟塘"等弘义文化特色实践区，让学生感受"元四大家"之首的黄公望的艺术品格、人生追求等，培养大正、大爱、大责之义。开展系列生态观察、实践活动，培养学生绿色生态理念。

学校遵循"绿色、阳光、生命"的理念，积极开发属地资源，形成校外弘义文化特色实践基地群，达成学科教育、生命教育、合作教育等的统整。在"南湖湿地"大课堂，教师开展数学、科学、综合实践、美术等学科教学，学生在真实的生活情境

中主动思考、学习、解决问题。在虞山"宝藏"课堂，学校每年组织六年级学生开展一次生命教育。

三、学校文化的课程彰显

课程彰显学校文化个性，是将学校文化内化为师生特有气质的触点。义小基于文化核心理念、培养目标和属地文化资源，积极开发弘义特色文化课程，着力培养心怀大正、大爱、大责之义的弘义娃，提升教师课程建设能力，实现师生的全面发展。

（一）课程模型建构

学校提出"一三三"课程模型，即一个核心理念——"致良知、行大义"；三类课程，包括知义、行义、立义课程；三条路径，包括课程落实、基地实践、社团活动。通过弘义课程，立足属地资源，让儿童认识家乡大义，感受"让国、感化、让地、孝义"的家乡义风，感悟社会主义核心价值观的大格局之"义"，帮助儿童形成风气上的大正义、精神上的大爱之义、行为上的大责之义。

（二）课程内容实施

知义课程，依托"大义人"资源，厚植"大正之义"。人杰、地灵、物美的大义滋养着"大义"之风，涌现出一代又一代"大义"之人——仲雍、龚景才、黄公望、浦国钧……也传递着一波又一波社会"正能量"，这正是当今的新时代社会主义核心价值观。学校组织系列课程内容，如知圣贤事迹、踏先人足迹、寻家乡艺人、访本土名人、说身边凡人、做义小先锋等活动。行义课程，依托"大义地"资源，培

育"大责之义"。大义历史悠久，拥有多样的生物资源。学校推出探家乡地名、行湿地研究、赏千村美居、点未来之光四大研究行动，覆盖中高年级学生。立义课程，依托"大义物"资源，践行"大爱之义"。智慧与勤劳的大义老百姓，造出了许多享有盛名的美服、美编、美食，如大义竹编、大义米酒、大义草莓、大义扎花……还有大义高新园区人正在创造的大义羽绒、大义红木、大义绿品、大义棒冰……学校利用社团活动课程，进行"大义物"的研究探究，不断增强学生"劳动创造美"的意识，体会"大爱之义"。

（三）课程评价探索

学校建立多元化评价方式，包括评价主体多元化、评价指标多元化，形成分阶评价体系，目前已形成"弘义劳动娃""弘义智慧娃""弘义健体娃"等系列评价。

四、学校文化的教学体现

教学文化是学校文化最日常化的体现，它反映学校育人价值取向及教师教学价值追求。课堂教学每天都在发生，在日复一日的师生互动中，形成并发展学生的综合能力，铸就教师的教学个性，达成学校文化指向的发展目标。

（一）国家课程与校本特色相融合

国家课程在整个学校课程体系中的主导地位不可动摇，是实现立德树人教育目标的核心载体。与此同时，辅以校本特色课程，推动儿童全面发展，实现学校文化价值追求。义小建构弘义课程，主动贴合国家课程，以丰富教学内容及形式，如在

"南湖湿地大课堂""虞山宝藏课堂"开展跨学科学习，形成并发展核心素养，培养大责、大爱之义。通过大义人、地、物三个维度，让儿童全方位了解这片热土，培植民族自信、文化自信。

（二）基础性与发展性相兼顾

学生全面发展是学校文化培养目标之一，在日常教学中体现为不抛弃、不放弃任何一个孩子。义小教师在课堂教学实施过程中主动处理好基础性及发展性两方面的问题，以缩小理想与现实之间的差距。在教学内容的选择方面，教师在充分用好学科主教材完成知识传递、能力培养等的基础上，寻找课外资源，不断丰富学生的学习。在练习内容的设计方面，教师兼顾不同学习能力层次的学生，设计基础性练习和提升性练习，学生在完成基础练习的基础上，根据自身能力，可选择提升性练习，以确保每个学生在发展道路上不掉队，感受到生命的阳光。

（三）学习减与增相协调

"双减"政策对学校、教师提出了减负不减质的要求，回归课堂教学须切实提高课堂效率。对此，学校以项目为抓手，申报与备课相关的苏州市级规划课题，带动教师探索备课优化、教学"减"化的效率提升之道。

五、学校文化的制度变革

学校文化是由教师、学生、家长、行政管理人员长期以来在工作和生活上共同建构的组织传统与规则[4]，教师队伍的管理制度是学校文化建设的保障。在学校文化建设推进过程中，义小同步优化规章制度，以期每个人达成弘义文化的发展共识。

（一）变"给我上"为"跟我上"

学校坚决执行校长带头制，凡是学生要做到的，教师先做到；教师要做到的，干部先做到；干部要做到的，校级领导先做到；校级领导要做到的，书记、校长先做到。在这样的行事准则下，校园充满正能量，教师在对待各项事务时更有积极性。

（二）变"不想上"为"我想上"

教师的成长需要让他们意识到"我可以"，面对发展机会要主动表达"我想上"。学校已形成校级、校际、市级及以上展示课体系，为教师提供多维的成长通道。通过每一次的研磨、展示，让教师看到自己的潜能与优秀，消除畏难情绪。同时，通过上课"申报制"，慢慢变"不想上""不敢上"为"我想上"。

（三）变"要我评"为"我要评"

每一次的评优评先工作都是学校增强正能量、夯实学校文化的好时机，学校主动公布评选条件，教师自主申报。此举让每位符合条件的教师都有机会参评优秀，由点到面逐步带动教师队伍群体向优秀发展，让优秀教师的示范性得到更大的肯定及辐射。

学校文化的传承、发展、发扬需要校内每一个师生共同参与，达成共识。学校文化又对学校里的人和办学产生积极影响，形成学校、师生所特有的气质。优秀的学校文化不是一个符号、一句口号，而应是学校里的人和办学三者形成良性发展的教育生态系统，推动三者的可持续发展。百年老校的管理团队须秉承教育规律，主动发展，永葆文化的青春。

【作者简介】林希，男，江苏省常熟市大义中心小学校长，高级教师，常熟市小学英语学科带头人。

参考文献

［1］ 李伟胜.学校文化生成途径的融合——以上海市比乐中学的实践探索为例［J］.教育发展研究，2010，30（18）：30—33.

［2］ 张东娇.绣一幅学校文化建设的《凤穿牡丹图》——学校文化建设"五步工作法"的再规范与再解读［J］.中小学管理，2020（01）：38—42.

［3］ 孙承峰.乡村学校文化建设的实践路径探索——以化马湾乡中小学文化建设为例［J］.教学管理与教育研究，2024（09）：59—62.

［4］ 谢翌，马云鹏.重建学校文化：优质学校建构的主要任务［J］.华东师范大学学报（教育科学版），2005（01）：7—15.

（上接第 37 页）

望历史，面向未来，专注当下，我们将以智慧的创造性转化和坚定的创新性发展推动学校文化建设，谱写百年老校新时代新篇章。

【作者简介】洪榴，女，江苏省常熟市实验小学党总支书记、教育集团总校长，特级教师，全国优秀教师，全国师德标兵。

参考文献

［1］ 杨斌.教育美学十讲［M］.上海：华东师范大学出版社，2015.

［2］ 余文森.新时代中国课堂教学改革与创新［M］.北京：教育科学出版社，2024.

新建校文化建设的应为、难为与作为

——以常熟市滨江实验小学的文化建设为例

◎ 黄利均 / 江苏省常熟市滨江实验小学

摘　要　文化建设是一所学校提升办学品质的重要路径，也是新建校内涵发展的必由之路。但新建校往往面临办学文化的暂时缺失或零散状态，这使学校内涵发展和日常管理面临许多困惑与挑战。据此，新建校应从校本实际出发，努力在"应为"与"难为"间能有所"作为"。厘清文化脉络，做好整体规划；明晰发展路径，构建文化体系；关注整体协同，提升文化效能。

关键词　文化建设　新建学校　作为

学校作为文化传播的主要场所，其文化建设已成为促进其内涵发展、提升办学品位、厚植精神品格的重要方式。然而，新建校在文化建设时由于暂时缺乏系统性，时常会出现文化概念杂乱、整体协同不足、理念不能落地等问题。那么，新建校在文化建设中应如何作为呢？滨江实验小学（以下简称"滨小"）立足校情，明晰学校文化建设的本质，审视新建校文化建设中的应为和难为，以构建"和善"文化为抓手，整体推进文化建设，促使办学文化在学校内涵发展中有所作为。

一、"应为"：新建校文化建设的应然样态

学校文化是新建校内涵发展最持久的深层动力。学校文化建设应当做到逻辑自洽、知行合一、长线浸润，从而发挥其在学校发展中的统摄作用。

（一）顶层设计：逻辑自洽

逻辑自洽，指学校文化概念与其办学理念体系、实践体系的表述之间具有前后一贯性和一致性。逻辑自洽是学校文化具有信服力、文化个性和特色的必备条件。滨小于 2018 年建校，作为一所新建校，没有先前的文化传承。学校根据师生来自不同地区、不同学校的实情，以人的发展为中心，提出"和而不同，择善而从"的校训，并凝练出"和善"理念作为办学文化的精髓，致力于通过打造"和慧"课堂，培养"六和"儿童，发展"和善"教师，逐步形成"和合共生，个性发展，从善如

流，至善至美"的育人路径，构建"和谐"校园。

（二）系统推进：知行合一

知行合一，指学校文化理念体系的表述与文化实践的操作及其表述有逻辑关联，前后一致。为此，学校需要构建逻辑支架和行为支架。逻辑支架指连接学校办学理念体系和实践体系之间逻辑的中介。滨小为了让"和善"理念落地，构建了"和顺"管理文化、"和慧"课程文化和教学文化、"和善"教师文化、"和美"德育文化、"和谐"公共关系文化、"和雅"校园环境文化。通过对管理、课程、课堂、教师、学生、公共关系和校园环境七个实践领域工作理念的有针对性的融入，传达和落实学校的办学理念体系。行为支架是落实学校文化的行为抓手。课堂教学标准、教师评价标准、学生评价体系、学校活动、校园环境布置等都属于行为支架。滨小制定了"和慧"课堂评价表、"和善"教师评比标准、"六和"儿童评比标准等规章制度，定期开展"和慧"示范课堂等活动，确保学校文化从概念到行为的落地和落实。

（三）效果达成：长线浸润

长线浸润，是一种通过时间、经验和持续的互动，使学校文化深入师生心间，影响师生行为、思维方式和学校发展的过程。优秀的学校文化应当是学校持续发展、师生终身成长的基石和不竭动力。因此，校园文化建设要久久为功，切忌为了追求立竿见影而朝令夕改。滨小从建校初就定期开展"和美"（班级）小舞台展示活动，以"各美其美，美美与共"为宗旨，每个

月由一个班级在学校大厅开设展览，展览的内容是学生的作品，涉及书法、绘画、手工、阅读成果等方方面面。展览由学生自主策划、布置，是展示学生个性与特长，展现班级精神面貌的舞台。这项活动发展了学生的审美素养，加强了学生与学生、班级与班级之间的交流，也在潜移默化中激励着学生彰显个性、发展特长。

二、"难为"：新建校文化建设的困惑与挑战

新建校的文化建设须从零开始，难免会面临一系列涉及多个层面的具体难点，唯有厘清这些难点，才能使文化建设因地制宜、生动深刻。

（一）文化的定位与塑造

新建校要构建符合学校特点的文化体系，首要任务是文化定位，但这并非易事。一方面，学校文化是一个复杂而多维的概念，涵盖学校的核心价值观、精神风貌、人际关系、行为规范等多个方面。管理者、教师、学生、家长等可能对学校文化有不同的理解和期望，这增加了文化定位的难度。另一方面，文化会随着时代的发展和组织结构的调整而产生新的变化。[1] 如何确保学校文化定位能够持续适应内外部因素变化，是一个需要持续关注和调整的问题。除了适应性外，学校文化定位还需要具有一定的前瞻性，能够预见未来教育发展的趋势和挑战，为学校的长远发展提供有力的支撑。然而，预见未来并非易事，需要学校管理者具备敏锐的洞察力和深邃的思考力。

（二）文化的认同与落地

新建校的师生往往来自不同学校，具有不同的背景，对文化的理解和接受程度存在差异。因此，在文化建设过程中，如何快速建立师生对校园文化的认同感是一个难点。首先，不同师生的价值观念存在差异，学校如何做好引导，促进文化认同是一个具有挑战性的问题。其次，师生将学校文化内化为自觉行为和价值追求是一个漫长的过程，如果师生不能对办学文化形成共识，学校文化就始终存在隔离、不和谐的现象，致使知行不能合一，让校园文化变得似是而非。再次，新建校文化建设需要一系列制度来保障其顺利实施。然而，制度的制定和执行往往受到多种因素的影响，如制度本身的合理性、执行者的素质和能力等，也可能因为执行不力或监督不到位而无法有效落地。

（三）文化的融合与创新

新建校需要面对不同文化背景的师生群体，如何促进不同文化之间的融合与创新是一个难点。一方面，来自不同地域的师生各自携带着独特的文化背景、价值观念和行为习惯，这些差异在融合过程中可能会产生冲突和摩擦，影响文化融合的顺利进行。如何在尊重和保护每一种文化的同时，实现多元文化的有效融合，并形成师生共同认可的文化体系，是一个具有挑战性的任务。另一方面，文化需要不断创新以适应时代的变化和师生的需求。文化创新需要整合人力、物资、信息等资源，然而对于新建校来说，这些资源可能相对有限，难以满足文化创新的需求。此外，如何有效地整合和利用这些资源，也是文化创新面临的一个重要问题。

三、"作为"：新建校文化建设的多元路径

构建校园文化体系，引领环境、制度、行为、课程、家庭等育人要素在教育过程中协同发力，是提升育人质量、推动新建校内涵发展的必然途径。

（一）坚持整体布局：厘清文化脉络，构建文化体系

确立文化主题，厘清文化脉络，为学校所有育人活动找到统一的内核和支撑，对于新建校梳理发展路径、形成独立且具个性的育人方式尤为重要。滨小始终坚持整体布局，通过成立学校文化建设小组，制订学校文化建设工作计划；做好调研，寻找符合师生、家长需要的文化意蕴；小组讨论，结合学校实际和区域特色初步制定文化主题；邀请专家集中"会诊"，描画学校文化建设地图；整理讨论，撰写学校文化建设方案这五个步骤厘清了"和善"文化的内涵与脉络，并将其作为学校的办学理念，融入管理、课程、课堂、教师、学生、公共关系和校园环境等各个方面，最终形成了"和善"文化体系。

（二）重视精神引领：吸引教师参与，形成自觉行为

学校要重视对教师的精神引领，让教师能够积极主动地认同和维护学校文化的价值取向和精神追求，自觉成为学校文化的建设者和传播者。一方面，要让教师对学校文化深切地理解和认同。比如，滨小

鼓励教师以团队形式基于"和善"文化展开教育教学研究，让教师在研究中共同提高科研能力，对学校文化感同身受。再如，在办公室文化建设中，滨小提出"一个人可能走得很快，但一群人肯定走得更远""教育是生命的共同成长"等办公宣言，将"和善"文化融入团队发展的每个角落。另一方面，学校要让教师成为学校文化的创造者和传播者，充分发挥主体性作用。比如，滨小把教师变成队伍发展的设计者、组织者和实施者，在制订教师整体和个体发展方案时遵循"三性"：一是方向性，发展目标的制订既要立足教师实际，又要紧密联系学校发展需求；二是民主性，在民主协商的基础上制订学校和教师发展方案，以确保教师的认同感和参与度；三是针对性，为教师量身定制个人发展规划，保证教师通过努力能够达到。

（三）拓展社会支持：开展多方互动，实现资源共享

学校文化建设要想走得更远，光靠师生的努力与坚持是不够的，还需要不断挖掘外部资源。社区、家庭、社会就是学校文化建设的巨大资源库。滨小充分利用这一宝库，与家长共建了家长课堂，与社区共建了志愿队伍，与企业共建了多彩活动，在携手共建中，各方平等对话、互为补充、形成合力，逐步构建起了学校、社会、家庭三结合的育人网络，发挥协同育人的效果，促进了学生的健康成长，助力了"和善"文化的生成与传播。例如，学校与家长共建的"和善"课堂不仅拓宽了教育渠道，丰富了教育内容，还让家长参与学校

的实际教育过程，增进他们对学校文化的了解。实践证明，参与学校管理或为学生上过课的家长在遇到教育难题时更易换位思考，在情感上与教师更能彼此信任，在理念上与学校更易达成共鸣。

（四）融入课程体系：打造"和慧"课堂，建设特色课程

课程是文化传播和发挥育人功能的最佳载体，学校要坚持做好办学文化和课程建设的深度融合。比如，滨小把"和睦""和善""和美"作为低、中、高三个年段的培育目标，着力设计和追求具有"和善"特色的课程文化。一是让"和善"文化融入国家课程。在学科课程中引领教师用"和善"育人观、"和融"师生观打造"和慧"课堂，让"和善"文化通过课程在师生心中落地生根。二是让"和善"文化引领校本课程开发。学校以"和融"作为课程建构的方法，以"至善"作为课程的追求，依托学校所在地是中国楹联文化镇、中华诗词之乡的地域优势，确立以传承中华优秀传统文化为主要内容的特色课程建设思路，积极构建既聚焦当下又面向未来的"联文化＋"课程体系。几年来，学校通过学科渗透、主题学习、社团实施和实践活动四种途径落实楹联文化的学习、传承与创新，形成了适合中华优秀传统文化进校园的滨小路径。

（五）强化制度保障：推进制度改革，规范执行过程

学校文化建设不仅需要宏观层面的顶层设计，还需要微观层面的全面推进。[2]考察一所学校是否真有校园文化，关键要

看其组织制度和师生践行过程中知与行的统一程度。学校要通过合理的制度来塑造学校文化，并对文化的发展做出调整和优化。比如，滨小在文化制度的生成和执行过程中，通过三个"全面"充分体现"和善"精神：一是全面听取教工意见，善于推进民主管理；二是全面接受监督，善于培养师生的主人翁精神和民主意识。三是全面推进评价制度改革，以"和善"教师和"六和"儿童的评价制度引领师生发展。学校在制度建设中把"和"当作制度的基调，让"善"成为执行的动力，在运用制度规范人和教育人的同时，更加重视尊重人、帮助人、激励人、发展人，让制度建设成为推动学校文化构建和落地的有力保障。

综上所述，新建校文化建设在"应为"方面需要重视逻辑自洽、知行合一和长线浸润；在"难为"方面需要克服条件限制，在办学中赋予各项建设、活动以文化内涵，建立师生文化认同感并保持文化建设的持续性；在"作为"方面则要通过建章立制、师生参与、课程落实等引领师生主动构建、自觉践行，以体现新建校文化建设的生动与深刻，推动校园文化建设的高质量开展。

【作者简介】黄利均，男，江苏省常熟市滨江实验小学校长，高级教师。

参考文献

［1］李希贵.重新定义学校［M］.北京：中国人民大学出版社，2017.

［2］岳伟，王仙红.校长文化建设焦虑：表征、成因与调适路径［J］.现代教育管理，2022（05）：74—81.

"研训一体化"临床模拟模式的实践研究

——以夏港中学"教师专业成长"为例

◎ 黄　鸣　贲可敬 / 江苏省江阴市夏港中学

摘　要　为了提高教师研训工作实效，促进教师专业成长，我们迁移应用医师专业成长的基本策略，依托"研训一体化"路径搭建"教学临床模拟"模式。一方面为教师搭建伙伴之间合作、对话关系，支持其合作教研；另一方面设置模拟情境，让教师参与情境之中的教学研究与教学活动，在模拟情境中练习教学手段、解决教学问题，通过集体研讨不断提升教学水平和育人能力。本文先明确阐述了"研训一体化"临床模拟模式助力教师成长新思路，再从多个角度入手提出基于教师成长视域的"研训一体化"临床模拟模式实践策略。

关键词　研训一体化　临床模拟模式　教师专业成长

"研训一体化"临床模拟模式的实践，有助于提升教师的教学能力、课题研究与学术研究能力，能够更好地实现教师专业自主发展，提高教师的素质，促使教师经历一个循序渐进的、成为良好教育专业工作者的过程。在"研训一体化"临床模拟模式的实践中，发挥多方协同作用，提出有效的模拟实践目标，并以此作为教师专业成长的方向；发挥线上平台优势，通过望闻问切完成教学诊断，通过家校社一体化模拟丰富教师活动，为教师践行教育手段、实现自主成长提供有力支持。[1]

一、"研训一体化"临床模拟模式是助力教师成长的研训新思路

（一）以"临床模拟教学场景"为基本理念

基于"研训一体化"临床模拟模式视角，我们遵循以真实场景模拟提升教师专业技能的研训理念。"研训一体化"临床模拟模式，是在传统研训一体的基础上加入模拟环节，让教师在整体专业发展的同时，依托教育教学过程，习得教学技能，逐渐改变教师教学研究、教师培训的基本逻辑，

形成研究与培训相结合，彼此辅助、彼此生成的行之有效的模式。这一模式的核心在于临床模拟，在该模式下，教师可以扮演不同的角色，模拟真实的教学场景，从而更深入地了解教学中的问题和挑战。这种模式为教师提供一个逼真的教学环境，使他们在实践中探索、学习和成长，不仅有助于提升教师的教学技能，还能增强他们的应变能力和问题解决能力。同时，通过模拟教学后的反思和总结，教师可以更加清晰地认识自己的教学风格和优点，为未来的教学提供有益的参考。

（二）以"临床模拟研训模式"为基本形式

这一模式是为了开展教师研训工作而提出的新的模式，其移植了医生专业成长经验，提出"专业伙伴之间合作""教师与专家、教师与伙伴对话关系"思想，认为应当在搭建高效的合作沟通渠道的同时，设置典型教育教学问题模拟情境。在这一情境之中，专家、教师团体、行政人员、教辅人员等多方人员共同参与，模拟应对教学问题，在模拟情境中提出教学问题的解决思路。研训时，教师分别从任教学科角度出发，将学科教学中的常见问题作为临床模拟主要内容，比如语文学科的群文阅读教学专题培训、化学学科的教学研讨活动等。

（三）以"临床模拟操作平台"为基本载体

构建初中教师研训仿真模拟平台，形成线上线下混合的教师研训载体。"研训一体化"临床模拟模式，其本质就是对医生医学模拟实训模式的迁移，是将"医生专业模拟技术"转化为"教育专业模拟技术"。因此，我们利用现代化教育技术搭建"研训一体化"线上平台，在平台上开发智慧化功能。参与研训的教师可以登录平台，在平台上互相沟通教育教学问题，围绕主题进行讨论。[2]教师也可以利用平台的智慧化教学、虚拟仿真功能，根据学科内容与自己所面临的教学情况，创建虚拟仿真的临床教学情境。参训人员可以针对教育教学问题提出一系列的模拟措施，并且开展教育教学工作。同时，利用平台的专家库与人工智能对教师的模拟教学应对进行分析，给予反馈。比如，当教师使用平台进行模拟教学时，平台会记录下教师的教学行为、教学内容、学生互动等各方面的信息，并对这些信息进行深度分析和挖掘，帮助教师全面地了解其教学特点和优势，以及可能存在的问题和不足；平台还会通过人工智能筛选并提供相应的改进建议和培训资源。教师还可以根据平台反馈情况进一步集中反思教育教学表现，开展集体研讨。

二、基于教师成长的"研训一体化"临床模拟模式实践策略

临床模拟模式推进了教学研究与教师培训的有机融合，为教师提供了更有效的研训参与支架，同时依托现代化技术与平台为教师参与研训、与专家及伙伴讨论提供载体。[3]为了更好地发挥"研训一体化"临床模拟模式促进教师专业成长的作用，我们主要开展了以下实践：

（一）临床模拟多方协同，共同确定模拟实践目标

"研训一体化"临床模拟模式为教师搭建了伙伴之间的对话关系，为专家、教辅人员、教师团队参与研训活动、集体研训交流提供了良好支架。基于此，我们充分发挥模式优势，提出多方协同的研训架构，由专家、教研员、教师团队、行政人员、教辅人员等多方人员就前阶段的教师研训活动展开讨论，根据教师实际情况、课程标准推进落实情况、现阶段面临的教学共性与特性问题，提出临床模拟实践目标。

以教学组的研训一体化活动为例，各方人员共同使用临床模拟平台进行沟通，将初中语文、化学、英语等学科教学中所面临的问题、教学开展情况输入平台。同时，专家与指导人员将新课程标准中提出的关于落实核心素养培养、学科教学、凸显学生主体地位等方面的要求输入其中。在各方输入自己的"诉求"之后，临床模拟平台的智能分析功能会进行综合信息分析，生成"关于各学科教师教学问题与专业成长期望的反馈"。各方人员根据这份反馈进行深入沟通，最终确定临床模拟实践目标为"解决初中阶段各学科教学中核心素养培养落实度不足问题"[4]。在统一的目标指引之下，参与研训的各学科教师纷纷开展自我分析，互相交流，各自提出"提高学生核心素养的教学策略"，并且结合自己的学科设计教学案例。在明确目标指引之下，实现学习与考察相结合，教师经历了理论学习、专家指导、实践跟岗、同伴互助等一系列活动，从而有效实现学科教学技能、科学研究能力提升，切实解决各学科教师所面临的教学共性问题。

（二）临床模拟系统工程，丰富活动助力教师成长

在线上平台的支持之下，教师纷纷开展了有效的临床教学实践与分析，一定程度上满足了教师的专业成长需求。与此同时，依托临床模拟实践框架，我们进一步提出一体化的模拟实践工程体系（读书工程、"青蓝工程"、名师工程），提出一系列研训活动，为教师专业成长搭建平台。

以读书工程为例，读书是教师专业成长的重要途径，也是教师自主发展的必然手段。在新时代背景下，新课程标准的落实对教师提出了更高的读书要求，要求教师广泛读书、拓宽视野、增长见识、提高实力。在临床模拟模式的实践中，相关人员根据本次参与研训的教师的实际情况，提出了"临床模拟读书与反馈"的读书工程活动。[5]在实际过程中，为教师推荐优质读物，如《跟着徐杰老师来备课》《诗意的光亮》《好的教育》《教育，一起向未来》，要求教师在规定时间内完成书籍的阅读，并且参与"临床模拟的读书检测"，让教师完成模拟平台的"虚拟教研员与教师的读书观点交流"任务。在这一活动中，教师积极主动地阅读书籍，将自己的观点反馈到平台上，平台接收教师反馈之后会根据特定书籍内容适当质疑，由教师反驳对方的质疑，提出自己的观点并且列举教学例子进行论证，进一步表达自己对书籍中某种教育观点、教育理念的理解与高度认同。这样的一体化模拟实践工程活动，既可以

拓展研训活动形式，让教师研训更加灵活多样，支持教师的个性化发展；也可以为教师表达自身教育观点、发挥教学能力、内化教学理念与思想提供平台，进一步实现了教师的专业成长。

除此之外，教师可以继续迁移一体化模拟实践工程活动，提出"青蓝工程"、名师工程。在"青蓝工程"中，通过师徒结对的方式，开展对青年教师教学基本功的训练，通过课堂模拟、学生突发事件处理的现场模拟，在模拟实践中锻炼青年教师的教育教学技能。在名师工程中，为参与研训的教师聘请名校名师，由名师为教师提供模拟教学的临床诊断与指导，从而开阔教师视野，更新教师教学理念，丰富教师研训学习经验，提高教师专业成长的实效性。

（三）临床模拟多元评价，动态反馈教师成长水平

考核评价，是进一步促进教师专业成长的有效环节，也是"研训一体化"临床模拟模式的重要构成。在教师研训一体化活动中，我们改变传统研训考核方法，改进教师对新课程标准理论、教育理论和实践、教学问题等方面的考核。针对教师的临床模拟教学，采用教学模拟过程评价、教学方案实施阶段性结果预测评价、学科教学的真实实践效果评价等多元化评价方式，多角度为教师提供反馈，促使教师明确未来的改变方向。[6]

还是以教学组的研训一体化活动为例，相关人员（专家团队、学科组长等）根据之前多方制定的目标，先从整体上判断教师做出的教学模拟行为的可行性，对其进行整体评估。同时，学科组教师开展周期性的教学模拟，比如，语文教师模拟了在本学期内连续开展主题式阅读活动的过程，而专家、辅助指导教师则观看教师的全部模拟过程，然后利用在线问卷、实时投票系统或课堂互动软件等工具，参考平台通过这些可视化的数据给出的反馈，从学生学习状态的角度出发，对教师提出的教学模拟方案的可行性、推广价值、应用的预期效果进行评估。另外，模拟教学的教师将教学方案真正落实于课堂的反馈资料，同步利用云存储、在线协作平台等进行更新，为各方人员同时开展动态评价提供依据。

"研训一体化"临床模拟模式的提出与实践，为教师专业成长提供了更广阔的空间，也为教师践行个人教学理念、运用教学方法推进教研深度提供平台支持。在这种模式下，教师通过教学临床模拟，可以更直观地了解到自身优势，从而有计划地调整自主成长方向，弥补自身不足；也可以在专家、伙伴的指导与帮助之下获得教学诊断，得到更科学的建议，作为提高自身教学能力与专业水平的重要依据。"研训一体化"临床模拟模式在教师专业成长方面具有显著价值，今后应当加强对这一模式的推广，将其融入教师专业成长教育与自我提升中，从而激发教师内生动力，提高教师研训工作实效性。[本文系江苏省教育科学"十四五"规划课题"基于'教师

专业发展'的研训一体化模式研究"（编号：J-c/2021/18）的阶段性研究成果。]

【作者简介】黄鸣，女，江苏省江阴市夏港中学教师，高级教师；贲可敬，男，江苏省江阴市夏港中学校长，正高级教师。

参考文献

［1］陆春."研训一体化"，构建青年教师成长共同体［N］.语言文字报，2024-01-24（007）.

［2］许亚敏.以教科研训一体化助发展［J］.新班主任，2023（34）：64—65.

［3］高承华.依托省级教研基地打造研训一体化共同体［J］.山东教育，2023（33）：25—26.

［4］马三粉，沈玉荣."乡村心育名师工作站"研训一体化创新的实践研究［J］.华人时刊（校长），2023（08）：77—79.

［5］杨安平."教、学、研、训"一体化视域下的学科基地建设的实践——以汉中市初中语文学科与教师发展指导基地为例［J］.陕西教育（综合版），2023（05）：38—39.

［6］李超英."评—研—训一体化"教研机制促进教师专业发展——以初中生物教师"教学目标设计能力"提升为例［J］.河南教育（教师教育），2023（01）：85—86.

TPACK 视域下中学英语教师专业发展的路径研究

——以江苏省 WX 市为例

◎ 王志娟 / 江苏省无锡市南长实验中学

摘　要　为探究中学英语教师专业发展的路径，本文通过调查问卷，分析了中学英语教师 TPACK 发展的现状，发现他们在 TK、TPK、TCK 和 TPACK 这四个方面比较薄弱。通过总结与一线教师的访谈结果，分析影响中学英语教师专业发展的因素，主要体现在教师内在因素和学校信息环境、教师技术培训等外在因素两个方面，并且结合影响因素提出了相关建议。

关键词　TPACK　专业发展路径　技术培训课程

近年来，随着教育研究的不断探索和深入，教师专业发展逐渐成为一个热点问题。然而，目前中学英语教师的发展存在着一些不足。部分教师在整合学科内容、技术和教学法方面存在较大差距，并且整体整合水平不高。整合技术的学科教学知识（TPACK）关注教师知识结构的问题，旨在搭建提高教师知识发展的框架，为实现信息技术与学科教学的真正融合提供基础和依据。本文拟对中学英语教师 TPACK 现状进行调查分析，进而探究 TPACK 视域下中学英语教师专业发展的路径，以期对中学英语教师专业发展有所启示。

一、TPACK 的内涵

TPACK 即整合技术的学科教学知识，包括技术、内容、方法以及三个维度之间交织的部分[1]。米什拉（Mishra）和科勒（Koehler）从教师知识的角度出发，对技术与教学整合进行了研究。他们指出，TPACK 是教师使用技术进行有效教学所必需的知识。TPACK 框架结构共包括 7 个元素，分为 3 个独立元素（TK、PK 和 CK，分别指技术方面的知识、普通教学法知识和学科内容知识）与 4 个复合元素（TPK、TCK、PCK 和 TPACK，即整合技术的学科教学法知识、整合技术的学科内容知识、学科教学法知识和整合技术的学科教学知识）。

二、中学英语教师 TPACK 的现状

（一）研究方法

为了解中学英语教师的 TPACK 现状，笔者进行了问卷调查，问卷摘录于 "Developing an Instrument for Assessing Technological Pedagogical Content Knowledge as Perceived by EFL Students"[2]。该问卷由 TK、PK、CK、TPK、TCK、PCK 和 TPACK 7 个部分组成，每个部分分别设置了 5 个问题。

（二）研究对象和过程

本文的研究对象是中学英语教师，主要以 WX 市中学生为调查对象，通过中学生的问卷调查结果来研究其英语教师的 TPACK 现状。笔者选取了 WX 市 5 所初中进行问卷调查，回收有效问卷共 486 份。笔者指导学生完成问卷，并对他们不理解的问卷内容进行讲解，从而保证了问卷的真实性和有效性。

（三）调查问卷的结果和分析

如前所述，TPACK 包括 TK、PK、CK、TPK、TCK、PCK 和 TPACK 7 个元素。TK 指技术方面的知识，包含传统技术和数字技术。在这部分设置了 5 个问题，用来衡量教师是否了解技术设施、解决技术方面的问题、正确使用技术设备、积极地学习新技术。5 个问题设置如下：

a1. 我的老师了解基础的计算机硬件。

a2. 我的老师了解基础的计算机软件。

a3. 我的老师知道如何解决与硬件有关的技术问题。

a4. 我的老师知道如何解决与软件有关的技术问题。

a5. 我的老师不落后于重要的新技术。

调查可知，a1 和 a2 中"同意"和"强烈同意"的占比均超过 60%，a3 和 a4 中"同意"和"强烈同意"的占比均小于 30%。这说明大部分中学英语教师了解基础的计算机硬件和软件，但是在解决技术问题方面比较薄弱。a5 中"同意"和"强烈同意"的占比最低，这说明大部分英语教师跟不上新技术。

总的来说，中学英语教师对计算机硬件和软件的认识只停留在了解层面，他们跟不上新技术，在 TK 方面是薄弱的。

PK 指普通教学法知识，如教学目标、教学策略、教学管理、教学评价等，它衡量的是教师教学的能力。5 个问题设置如下：

b1. 我的老师在课堂上使用多种多样的教学策略。

b2. 我的老师使用不同的评价方法和评价技巧。

b3. 我的老师理解学生的学习困难。

b4. 我的老师通过学生的表现和反馈调整自己的教学方式。

b5. 我的老师知道如何管理课堂。

调查可知，5 个问题中"同意"和"强烈同意"的占比均超过 60%，这一调查结果说明大部分中学英语教师能够掌握教学法知识。b3 和 b4 中"不同意"和"强烈不同意"的占比在 5 个问题中最高，这说明教师应该更加关注学生的学习困难，通过学生的表现和反馈调整自己的教学方式。

总的来说，中学英语教师在 PK 方面做得比

较好。

CK 指学科内容知识，不仅包含具体的学科知识，还包含教师对所教学科结构及学科间关系的深刻理解，它衡量的是教师是否具备扎实的学科专业知识。5 个问题设置如下：

c1. 我的老师具备充足的英语语法知识。

c2. 我的老师发音很好。

c3. 我的老师可以很自然地用英语讲课。

c4. 我的老师能设计提高我的学习的资料。

c5. 我的老师会回答学生关于英语方面的问题。

调查可知，c1、c3、c4 和 c5 中"同意"和"强烈同意"的占比均超过 70%，c2 中"同意"和"强烈同意"的占比只有 57.8%，这说明大部分英语教师在 CK 方面做得比较好。

TPK 指整合技术的学科教学法知识，它衡量的是教师在教学中使用技术的能力。5 个问题设置如下：

d1. 我的老师使用多媒体技术来刺激我学习。

d2. 我的老师使用多媒体技术来清楚地解释问题。

d3. 我的老师使用多媒体技术来与我们更密切地交流。

d4. 我的老师使用多媒体技术来进行教学活动。

d5. 我的老师使用适当的多媒体技术来进行教学。

调查可知，d3 中选择"同意"和"强烈同意"的人数在 5 个问题中是最多的，d5 中选择"同意"和"强烈同意"的人数却是最少的，这说明教师并不能很好地掌握 TPK。

TCK 指整合技术的学科内容知识，它评价的是教师能够有效地将技术和学科知识融合在一起的能力。5 个问题设置如下：

e1. 我的老师使用可以让我更好地学习词汇的数字化教材。

e2. 我的老师使用可以让我更好地学习语法的数字化教材。

e3. 我的老师使用可以让我更好地读英语的数字化教材。

e4. 我的老师使用可以让我更好地说英语的数字化教材。

e5. 我的老师使用可以让我更好地理解目标语文化的数字化教材。

调查可知，5 个问题中"同意"和"强烈同意"的占比均小于 50%，这说明中学英语教师在技术和学科知识的融合方面比较薄弱。e5 中"同意"和"强烈同意"的占比仅有 12.4%，说明教师很少使用让学生更好地理解目标语文化的数字化教材。总的来说，他们在 TCK 方面比较薄弱。

PCK 指学科教学法知识，具备 PCK 知识的教师能够运用不同的教学策略、设置不同的教学活动来传授学科知识给学生。5 个问题设置如下：

f1. 我的老师开展的课堂教学可以让我更好地理解英语。

f2. 我的老师进行的课堂小测试可以让我更多地练习英语。

f3. 我的老师开展的游戏可以让我更多地练习英语。

f4. 我的老师开展的小组活动可以让我更多地使用英语。

f5. 我的老师开展的讨论活动可以让我更多地使用英语。

调查可知，5个问题中"同意"和"强烈同意"的占比均超过70%，这说明中学英语教师在PCK方面做得很好。

TPACK指整合技术的学科教学知识，它是TK、PK和CK三个核心要素的融合，是关于三个核心要素如何发挥协同作用的知识。5个问题设置如下：

g1. 我的老师使用多种多样的电脑技术和合适的教学策略来呈现教学内容。

g2. 我的老师通过使用多种多样的电脑技术和合适的教学策略来给我们提供练习英语的机会。

g3. 我的老师通过使用多种多样的电脑技术和合适的教学策略来给我们提供使用英语的机会。

g4. 我的老师使用电脑教英语的方式能够吸引我。

g5. 我的老师使用电脑教英语的方式有利于我学习英语。

调查可知，g1、g2和g3中"同意"和"强烈同意"的占比均小于40%，这说明中学英语教师在使用多种多样的电脑技术和合适的教学策略来呈现教学内容等方面做得不好。g4和g5中"同意"和"强烈同意"的占比就高得多，说明教师在英语教学过程中经常使用电脑，而且学生乐于接受这种方式。因此，教师需要努力提高在学科教学中有效整合技术的能力。

三、影响中学英语教师TPACK专业发展的因素及改进路径

为了找出影响中学英语教师TPACK专业发展现状的因素，笔者采取了访谈法，采访了15位具有不同的年龄、教育背景和从教经历的英语教师。根据被采访者的回答，可将影响中学英语教师TPACK专业发展的因素分为内因和外因。

内因表现在中学英语教师缺乏自我发展的意识。访谈得知，绝大多数中学英语教师并不愿意学习先进的技术，特别是那些具有多年教学经验的老教师。他们已经习惯了基础的技术设备，对重新学习新技术充满抗拒。此外，中学英语教师经常使用一些传统的教学方法，他们很难将技术与这些教学方法融合。外因则主要表现在中学英语教师接受的技术培训是不充足的，往往是一些形式化的技术培训。很多英语教师在接受技术培训后，只了解相关的技术设备，并不知道如何在教学中正确地使用技术。而且，所有学科教师接受的技术培训都是一样的，不具备学科针对性，且大多数中学只配置了基础的技术设备，缺乏新的教学资源和技术设备。

根据中学英语教师TPACK发展的现状和影响其发展的因素，笔者对中学英语教师TPACK专业发展的途径提出了以下三点建议：

（一）增强中学英语教师自我发展的意识

根据调查问卷，我们得知一些教师发

音比较薄弱，建议利用寒暑假多开展英语教师口语培训活动，采取奖励机制，鼓励教师积极参与，教师自身也要主动利用课余时间学习。此外，学校应该鼓励英语教师在英语课堂中合理使用多媒体提升教学效果。只有实践训练才能够真正促进教师TPACK 的发展，教师应该积极参加实践训练，并且在课堂中尽可能地多展示理论所学并及时检验成果，从而将理论与实践有效结合。最后，中学英语教师应该注意自我反思，可以在教学后反思是否将技术有效地融入教学。

（二）提供多种具体有效的技术培训课程

从访谈结果中我们可以得知，大多数技术培训课程是形式化、表面化的。学校提供的技术培训应该与实践相结合，给教师实践探索的机会，而不是只停留在特定技术设备的解释上。此外，学校应该根据不同的学科制定不同的技术培训课程。英语有其学科特殊性，英语教师所接受的技术培训与其他学科应该是不同的。学校可以利用技术工具，引入在线学习平台、教育软件、互动式教学工具等，从而提升教师的教学能力和课堂效率。

（三）优化学校的信息技术环境

目前大多数中学英语教师对技术的理解停留在组建硬件设施的阶段，而不是使用信息技术解决问题、促进学生心理和生理的发展。[3]因此，对中学来说，优化信息技术环境是有必要的。学校应该引进更多专业的技术教师，给中学英语教师提供正确、合适的技术帮助。此外，学校缺乏新的教学资源和技术设备，可以适当引进语言实验室等先进技术设备，有效利用多媒体教学资源，专业的技术教师可以提供这方面的有效指导。

【作者简介】王志娟，女，江苏省无锡市南长实验中学教师，二级教师。

参考文献

［1］ 何克抗. TPACK——美国"信息技术与课程整合"途径与方法研究的新发展（下）［J］.电化教育研究，2012，33（06）：47—56.

［2］ Jun-Jie Tseng. Developing an Instrument for Assessing Technological Pedagogical Content Knowledge as Perceived by EFL Students［J］. Computer Assisted Language Learning, 2016，29（02）：302—315.

［3］ 刘玮. 初中英语教师 TPACK 现状调查与对策研究——以安徽省枞阳县为例［D］.温州：温州大学，2017.

角色承担：指向学生自我管理的普通高中劳动教育路径

◎ 朱贤晖 / 江苏省泰州市第三高级中学

摘　要　劳动教育的实质是将劳动与教育相结合，让学生在与周围环境的互动中获得创造性的经验，培养意志品质，其最终目的是通过劳动实践的方式助力实现立德树人根本任务。高中班主任作为班级劳动教育的第一引导者，承担着学生参与劳动实践的筹划、组织、评价等多项责任，需要深刻认识到劳动教育对于培养学生的劳动创造意识与劳动精神，促进学生增智强体育美，使学生认识到劳动与幸福生活之间关系的重要意义。班主任在进行劳动教育的过程中，要做好劳动教育课程化活动设计，关注劳动教育的过程性、综合性评价，使学生在劳动教育中的角色承担起到应有的作用，让劳动教育真正彰显育人价值。

关键词　劳动教育　自我管理　育人价值

为构建德智体美劳全面培养的教育体系，中共中央、国务院于 2020 年 3 月 20 日发布《关于全面加强新时代大中小学劳动教育的意见》(以下简称《意见》)，强调要以习近平新时代中国特色社会主义思想为指导，全面贯彻党的教育方针，把劳动教育融入人才培养全过程，与德育、智育、体育、美育相融合，实现知行合一，促进学生形成正确的世界观、人生观、价值观。然而，近年来劳动教育的独特育人价值在一定程度上被忽视，有将劳动教育简单退化为劳动的现象。在青少年中不想劳动、不会劳动、不珍惜劳动成果等现象时有发生，这是教育者需要警惕、反思的问题。上述问题的出现，原因是多方面的，学生对自我在劳动教育中的角色定位认知模糊，以及由此导致的学生对劳动教育的漠视是很重要的一方面。

《意见》强调劳动要"遵循教育规律，符合学生年龄特点"。高中班主任作为班级劳动教育的第一引导者，承担着学生参与劳动教育活动的筹划、组织、评价等多项责任，需要深刻认识到劳动教育对于培养学生的劳动创造意识与劳动精神、促进学生增智强体育美、使学生认识到劳动与未来幸福生活之间的关系的重要性。劳动教育的实质是将劳动与教育相结合，让学生在与周围环境的互动中获得创造性的经验，培养意志品质，其最终目的是通过劳动实践的方式助力实现立德树人根本任务。在班级劳动实践中，在学生与周围环境的互动中，探究学生心理和身体上的角色承担与其自我管理、自我实现的关系，以便纠正劳动教育中存在的将劳动教育等同于劳动的认识偏差，发挥意识对行为的能动作用，从而更好地体现班级劳动教育的育人价值，就显得很有意义。

一、劳动教育实践的困境

探究学生在劳动实践中的角色承担问题，实质上承接的是杜威提出的"儿童（学生）中心""活动中心""经验中心"思想及陶行知的"教学做合一"的思想。劳动教育要让学生"做"起来，但是这个"做"应该是指向学生的成长与发展的，有设计、有目的、有价值的"活动"。劳动教育是促进学生全面发展的教育活动。[1]这也是劳动教育中的"劳动"与一般意义上的劳动的区别所在。从这个意义上说，班集体的所有"劳动"都可以通过使学生承担设计好的劳动角色而对其产生劳动教育的意义。

但是在当下的高中学校中，劳动教育并没有在劳动实践中产生应有的育人效果，这是一个不争的事实。[2]学生是劳动"活动"的中心，劳动角色的承担是劳动活动展开的关键一环。从学生的角度来看待班级劳动教育，我们会发现，在班级劳动教

育中，由于学生对劳动教育缺乏科学深入的认识，劳动活动中的任务往往具有分配的随机性和执行的自由性。具体而言，教师在劳动活动中对劳动任务的分配起主导、引导作用，但往往由于缺乏学情分析与任务设计，教师很难做到所有的任务都"因材分配"，这就造成了分配的随机性。而由于思想上对劳动教育育人功能的忽视，教师对于劳动教育的评价侧重结果的检查，这是导致学生在思想意识层面轻视劳动教育的原因之一。相应地，这也就带来了劳动任务执行的"自由化"问题，具体表现为：被动接受、消极怠工、效率低下、轻视劳动价值、不珍惜劳动成果等。在问题的表象之下，指向的是学生劳动素养的缺失，反映的是学生自我管理与自我实现能力的低下。

二、劳动教育中学生角色承担与自我管理的认识

劳动教育具有树德、增智、强体、育美的综合育人价值，是学生实现全面发展的唯一途径。通过劳动教育促进学生自我管理能力与自我实现能力的提升，是学生在劳动教育活动中承担并正确认识自己的劳动角色进而进行劳动活动的重要目标。

对劳动角色承担的认识实质上体现着学生自我管理与自我实现的水平。我们发现，在劳动教育中，学生对劳动角色承担的意义与价值认知，与学生的自我管理、自我实现的能力呈现正相关的联系。自我管理，首先是管理学中的一个名词，可以理解为与自我关系的管理。学生接受劳动

任务后，心理上的自我角色认知很重要，因为意识对物质发展是具有能动作用的。如果在班级管理中留心观察，我们会发现一个很有意思的现象：如果某项劳动活动由某个学生主动且独自承担，如倒垃圾、擦黑板、扫走廊等，那么这个学生会对任务完成表现出更强的责任感，会对劳动结果更加珍惜。这是因为学生把自己的劳动角色定义为该项劳动任务的主导者、"承包人"，学生与该项劳动任务形成了事实上的一一对应的评价关系。学生在劳动过程中自我监督、自我要求、自我激励，最终实现劳动目标，并有意识地将自我劳动价值融入劳动成果。在这一过程中，学生对自我承担的劳动角色有着正确的认知，通过高效的自我管理实现了预期目标，获得了能力的提升和素质的拓展。这就是高层次的自我管理水平带来的自我实现，它顺应了学生身心发展的要求。

一般而言，班级劳动活动往往涉及团队合作，因此，学生所承担的劳动角色就显得复杂多样。在这种情况下，学生对所承担的劳动角色的认知情况可以更加明显地表现出其自我管理与自我实现的不同水平与状态。教师作为劳动教育的组织者，需要对不同状态的学生予以关注，因材施教，有针对性地进行指导，从而让劳动教育发挥应有的育人效果。

具体来说，在团队合作的劳动任务中，学生对角色承担的认知大致可分为主导者与参与者两种。参与者一般又可以分为三类：一是积极参与，贡献智慧者；二是听从分配，保证执行者；三是消极怠工，消磨时间者。这几类对劳动角色承担的不同认知往往意味着学生自我管理水平的不同，其所带来的学生的自我成就与自我预期也有差异。在日常实践中，承担不同劳动角色、对劳动角色有不同认知的学生，在面对不同类型的劳动任务时有以下表现：

（1）面对全新的劳动体验，乐于主导或积极参与型的学生往往充满劳动兴趣，渴求在劳动实践中进行劳动创造，并收获不同的劳动经验。而"消极怠工"者则往往产生畏难情绪，积极性低。

（2）面对重复性劳动任务，乐于主导与积极参与型的学生会利用以往劳动经验，提高劳动效率，甚至创新思维，汲取以往劳动经验中的经验教训，以求创造性地完成劳动任务。而"重在参与"者、"消极怠工"者等自我管理水平较低的学生往往产生倦怠心理，其获得劳动经验、发展自我能力的自我预期也较低。

可见，改变学生对劳动角色承担的心理认知，须采用多种方式，适时有效地引导学生提高认知是保障劳动教育育人效果的重要一环。实践经验表明，在劳动教育活动中，学生对自身承担的劳动角色的认知往往与学生的发展需求、自我预期等相关。只有重视劳动教育，科学地开展劳动教育活动，才能让学生正确认识自己在劳动教育活动中所承担的角色，提升自我管理与自我实现的能力，培养应有的劳动创造意识与劳动品质精神，获得应有的身心发展。

三、劳动教育活动的设计与评价

劳动教育是将教育与劳动实践活动结

合起来的教育，它与其他教育课程一样，也需要精心设计、认真实践。由于认识的不足，很多教师将自己在劳动教育中的作用理解为事前布置与事后检查，这不仅不能使学生在劳动教育中保持高位的自我管理与自我实现水平，更不可能提升其自我管理与自我实现的水平。要解决这一问题，必须关注到劳动教育的两大"在场"群体：教师和学生。只有做好活动"主导"与活动"主体"两方面的工作，劳动教育的价值才能显现。[3]

（一）劳动教育活动设计的要点

首先，教师要从各个层面真正重视劳动教育。在劳动教育中，教师是劳动活动的主导者。通过劳动角色承担，促使学生保持高位的自我管理与自我实现意识，进而获得创造性的经验，形成必备品格。教师首先做到在思想上摒弃"弱化"劳动价值、"物化"劳动结果的错误思想。作为劳动教育的实施者，教师必须对国家"五育"并举的教育方针有深刻认识，真正认识到劳动教育在实现立德树人根本任务中不可替代的作用。

其次，教师要做好劳动教育的"学情分析"，设定好劳动教育活动的育人目标。教师要高度重视劳动教育的课程属性，可以具体情况具体分析，但是学生情况分析、活动育人目标设定应该是劳动教育活动方案设计必不可缺的内容要点。

最后，教师要根据育人目标分配劳动角色，而不是简单根据个人特长分配劳动角色。比如，可以让不太合群的学生承担集体劳动的角色，可以让缺乏自主性的学生承担检查劳动结果、反馈问题等方面的角色。形式方法可以灵活多样。还可以让学生主动选择劳动活动中的角色，将"集中"与"民主"相结合，这样既增加了劳动教育的针对性，又有效提升了学生对劳动角色承担的价值认知，也就增强了劳动教育的育人实效。

（二）劳动教育活动的多元评价

教师要对劳动教育实践进行多元评价。在活动任务完成时，教师不能满足于事前布置与事后检查。劳动教育也需要过程性、发展性、综合性评价，关注学生通过劳动角色承担对劳动教育意义的理解与获得。[4]学生在承担劳动角色中是否提高了自我管理与自我实现的水平，达到了自我预期与自我实现的和谐状态，可以成为教师进行劳动评价的一个重要标准。具体来说，可以分为以下几个层次：

一是学生是否手脑并用，自我组织，获得了较强的实践体验；二是学生是否强化了自觉、统筹、合作的劳动意识，形成自我评价、自我监督的心理思维；三是学生是否提高了创造性劳动能力，形成并在实践中运用了创新思维；四是学生是否在实现自我目标的基础上更加清晰完整地认识了自我，是否能将所获得的实践经验、创新思维等向外辐射，以持续提升个人综合素质、核心素养、关键能力。

在日常教育实践中，教师要深化对劳动教育的认识，摒弃单纯以劳动结果检查来评价劳动教育的思维，对学生的劳动活动进行过程性、发展性、综合性评价，多措并举，使学生真正认识到劳动教育的价值所在，形成劳动教育的"倒逼机制"，他们才能够自觉肩负起自己在劳动活动中承担的劳动角色的责任，在劳动教育活动中获得应有的锻炼与发展，劳动教育也才能充分发挥其特有的育人功能，促进学生的全面发展。除此之外，也可以增加劳动评价的主体，让学生、家长都参与进来，从而让劳动教育评价更加立体、科学，更有激励与创造意义。

四、结语

国家提出要构建德智体美劳全面培养的教育体系，劳动教育不仅在这一体系中占据重要位置，还在树德、增智、强体、育美方面具有独特的综合育人价值。班级劳动教育的目的在于促进学生身心的全面发展。作为教育工作者，教师要在不断的劳动教育活动中，总结经验，优化方法，创新举措，探求劳动教育更加高效的实施路径，通过劳动教育实现学生的自我管理，真正将劳动教育的育人效果落到实处。

【作者简介】朱贤晖，男，江苏省泰州市第三高级中学教师。

参考文献

［1］ 檀传宝.劳动教育的概念理解——如何认识劳动教育概念的基本内涵与基本特征［J］.中国教育学刊，2019（02）：82—84.

［2］ 王飞、徐继存.大中小学劳动教育实施现状的调查研究［J］.课程·教材·教法，2020，40（02）：12—19.

［3］ 谷贤林.美国学校如何开展劳动教育［J］.人民教育，2018（21）：77—80.

［4］ 王连照.论劳动教育的特征与实施［J］.中国教育学刊，2016（07）：89—94.

基于"六大解放"思想构建幼儿自主性区域游戏的实践探索

◎ 严丰锋 / 江苏省无锡市安镇中心幼儿园

摘　要　陶行知先生的"六大解放"思想对幼儿教育游戏化具有重要的指导意义。本文结合"六大解放"思想，从"脑中有思，手中成形：游戏计划的思考与表征记录""发现于眼，交流于口：游戏过程的开展与同伴交流""空间自由，时间自主：游戏场域的开放与生成学习"三个层面对幼儿自主区域游戏构建进行实践阐述。基于"六大解放"，成于"自主游戏"，从"行知"思想到"知行"合一，找到了一条适合幼儿的自主性区域游戏之路。

关键词　六大解放　自主性　区域游戏

3—6岁儿童的感知、记忆、思维、语言等方面均处于快速发展期，游戏作为他们的主要活动形式，为其发展提供了自由、创造和探索的空间。陶行知先生倡导的"六大解放"思想，是指解放儿童的头脑、双手、嘴、眼睛、空间和时间，还儿童以自由，从而培养儿童的创造力。该思想对幼儿教育游戏化实践具有重要的指导意义。为此，我们要关注幼儿的需求与兴趣，引导幼儿自主参与游戏，在游戏中发挥自己的想象力和创造性，发展幼儿的认知、语言、交往等能力，从而使他们在游戏中得到真正的学习和成长。

一、脑中有思，手中成形：游戏计划的思考与表征记录

（一）解放头脑，脑中有思

当幼儿从直接行动思维向具体形象思维转化时，解放幼儿的头脑，让其积极运动，产生无限想象，碰撞出思维火花，会加速抽象逻辑思维的显现，继而在头脑中形成许多游戏想法。

在自主性区域游戏实践中，幼儿通过"游戏计划书"这条主线贯穿始终。这里的"计划"，可以理解成幼儿为完成区域游戏目标在游戏前对游戏活动做出的规划与部署。因受年龄特点与认知水平的限

制，幼儿区域游戏计划可表现为"我要玩什么""我想怎么玩""我需要什么材料和同伴"等，这就是需要用到"脑"的地方，因为思想决定行动，只有完全解放幼儿的大脑，才能直接或间接作用于过程，继而呈现结果。

抓住幼儿具体形象思维的特点以及抽象思维萌芽的契机，引导他们以思维引领行动，鼓励幼儿大胆思考，想象创造，协商制订"游戏计划书"来确定主题，预设游戏；根据"游戏计划书"收集材料，创设环境；按照"游戏计划书"开展游戏，积累经验；调整"游戏计划书"，丰富情节，深化主题。解放头脑，让幼儿明确自己"想玩什么""怎么玩""跟谁玩"，使其自主意识得到更好发展。

（二）解放双手，手中成形

手和脑是相互作用、信息互传、相互刺激和影响的。幼儿在动手活动中，能使大脑得到锻炼、动作协调发展。只有解放幼儿的双手，才能使他们敢做。幼儿在大脑中有了对游戏的自主思考，他们用双手，以表征记录的方式，将计划书呈现了出来。

在这过程中，幼儿的双手完全被解放，他们涂涂画画，通过画笔，将"游戏计划书"涂画于纸上，与同伴共享自己的想法。有的是简单的黑白线条画，有的是彩色的蜡笔画，还有的是符号、图案与线条的组合画。他们剪剪贴贴，发现符合需求的画面或图案就剪下来，贴在自己的计划书上。他们看看拍拍，借助人力与照相工具，构思出比较完整的游戏思路，完成照片型"游戏计划书"。

"游戏计划书"的呈现模式也是精彩纷呈的。有的是单张平面画，如主题画般内容相对丰富，可以讲出一个小故事；有的是将一张平面纸折成四方块，在同一平面呈现四幅画，代表游戏的四个情节；有的是直接在便签条上画了贴出来。有的幼儿将平面的"游戏计划书"自制成一本连环画，一页页翻过去，可以看到整个游戏的过程。有的幼儿将计划书呈现在折叠的简易屏风上、自制三脚柱上、翻阅式台历上，可伴着区域的搬迁而移动。有的幼儿将"游戏计划书"悬挂在抬头就能看见的上方，节约游戏空间，也是对游戏环境的一种装饰，一举多得。正是因为幼儿的双手得到了完全解放，脑中所有的想法在手中成形了，才让"游戏计划书"如此丰富多彩。

二、发现于眼，交流于口：游戏过程的开展与同伴交流

（一）解放双眼，观察发现

幼儿的观察存在缺乏稳定性、持续时间短、缺乏系统性和概括性等问题。因此，要推进游戏，必须解放幼儿的双眼。教师要给幼儿创设看（观察）的条件，激发他们看（观察）的兴趣与积极性，保证他们看（观察）的时间和空间，教给他们看（观察）的顺序和方法，同时不能限制幼儿看（观察），让幼儿通过双眼的看（观察），寻找有价值的内容，捕捉有用信息，并进行探究学习。

在自主性区域游戏开展过程中，幼儿能看（观察）到的很多，能发现的也很多，

比如游戏环境是否温馨、美观；游戏材料是否丰富，小伙伴们是否喜欢；游戏角色是不是大伙都在争着去扮演；等等。幼儿的双眼有了发现后，会连锁产生自己的想法，这时候就需要教师立足幼儿的兴趣与经验，顺应幼儿的想法，支持他们自主、有意识、有目的地开展游戏。

比如在材料收集中，教师可根据幼儿的需求，指导幼儿建立班级"小型资源库"、绘制"收集倡议书"、进行分类与整理等。在游戏环境创设中，教师支持幼儿共同商讨区域设在哪、占多大空间、需要提供哪些游戏材料、设置哪些游戏规则等。教师根据幼儿的观察与发现给予一定的支架支持，整个游戏活动更体现出幼儿的自主性。

（二）解放嘴巴，交流分享

幼儿时期是词汇量迅速增长的时期，幼儿运用语法和句子的建构能力也在逐步提升。教师要抓住这一契机，解放幼儿的嘴巴，为幼儿创造一切机会，鼓励幼儿大胆、清楚地表达自己的想法和感受，尝试说明、描述简单的事物或过程。

在区域游戏中，"说"主要体现在三个方面：一是来自幼儿之间的相互交往与交流。有时是关于某个角色的分配，有时是对于某项规则的探讨，有时是共同商讨完成某个任务，有时是分享完成某项挑战后的心情……游戏中有太多可以说的话题和机会，教师要提供机会，让幼儿无拘无束地表达、交流、争论，发展语言表达能力和思维能力。二是来自幼儿对表征记录的描述。例如前面提到的"游戏计划书"，是幼儿运用图画表征一个生动有趣的游戏计划。三是来自游戏结束后的评价。游戏结束后的评价，不仅仅是对上一次游戏的回顾，也是对游戏中发现问题、解决问题的情景再现，更是在此基础上衍生出新问题和新想法，从而对下一次游戏提出新的要求和玩法。教师在游戏后让幼儿来说、来表达，完全解放了他们的嘴巴，给了他们应说尽说的机会与平台。

三、空间自由，时间自主：游戏场域的开放与生成学习

（一）解放空间，场域开放

陶行知先生认为，要解放儿童的空间，不要把儿童关在笼里，让他们到大自然、大社会里去扩大认识的眼界，取得丰富的学问。

幼儿园结合"在自然中生长"的课程游戏化理念，将一部分幼儿的区域游戏搬至室外，在自然中进行。比如，校园内的三个大型的蘑菇形的亭子，正好构成一方避雨的天地，周边是一片草地，把表演区搬至此处，树叶、花草都是表演道具，每到表演时刻，总能吸引很多幼儿来观看。再比如，在几棵大香樟树下砌了灶台，把生活区搬至此处，幼儿带着锅碗瓢盆来到这里，开展了有趣的灶台游戏，香樟落叶成了美味佳肴。还有美术创意（利用树叶和花进行插花、拓印、拼贴等）、数学认知（测量树围、石头排序与数数等）、科学探究（观察、采摘水果，用放大镜找虫子，观察植物生长）等区域游戏，都在户外大自然中开展，幼儿在自然中习得知识、收

获经验。

在室内空间布局上，区域游戏的柜子不再固定摆放，每到区域游戏时段，幼儿可根据游戏需要，自由组合、灵活摆放柜子。这样既扩大了游戏空间，又发挥了幼儿的自主性。

（二）解放时间，生成学习

陶行知先生提倡的解放儿童的时间，是指给予儿童时间消化学问，让其学习自己渴望的东西。什么东西是幼儿渴望学习的呢？基于幼儿爱好和兴趣生发的，必然是他们渴望学习的，比如生活技能、节日文化、季节变化、体育活动等。

与他们的生活经历、学习环境、当下感兴趣或正在经历的事件（比如中秋节、国庆节、重阳节等节假日；园子里已经成熟的秋日水果等）息息相关，也必定是他们喜欢与渴望学习的，同时也是在此基础上生成的学习。

幼儿的时间被解放后，不再是规定时间内学什么，而是自我主导时间，教师不仅提供学习活动、游戏活动、生活活动、户外活动等几个大块面的基本时间段划分，

这里面的小环节活动还可以相互融合。比如自主点心可以穿插在区域游戏过程中，自由活动与生活活动可自由组合，学习活动与区域活动互不分家等。特别是幼儿的区域游戏活动，孩子们在这里可以忘了时间，一心扑在自己喜欢的游戏中，或学习、或思考、或交流、或表征……同时也给了自己时间来消化这些习得的知识。

"六大解放"下的幼儿自主性区域游戏，是教师在"行知"教育思想的指导下，引领幼儿"知行"合一，自主游戏，遵循"规划设计—观察发现—交流分享—生成学习"不断递进的过程，也是幼儿从"想"到"做"的一个自我组织、自我实施、获得知识、锻炼能力、获取情感体验与经验提升的完整游戏过程。在这过程中，幼儿的规划设计能力、探索发现能力、语言表达能力、合作交往能力、问题解决能力等都能获得提高，也能促进幼儿的深度学习与个体的良好发展。

【作者简介】严丰锋，女，江苏省无锡市安镇中心幼儿园园长，高级教师。

后"茶馆式"教学

——关于教学方法的探索与创新之十五

◎ 周成平 / 江苏第二师范学院

后"茶馆式"教学的首倡者是上海市育才中学的老校长段力佩先生。早在改革开放初期，他就提出了"有领导的'茶馆式'教学"的主张，在上海乃至全国产生了较大的影响。随后，上海市静安区教育学院附属学校张人利校长及其团队深谙其道，身体力行，率先垂范，大力探索和实践后"茶馆式"教学，取得明显成效后通过专著《后"茶馆式"教学》详加阐述，使其成为我国新时期中小学颇有影响力的教学方法之一。

说到茶馆，顾名思义就是茶客喝茶的地方。它讲究轻松、悠闲，是茶客消遣与享受愉悦时光之处。茶馆里有各式各样的茶品，有茶客、侍者和店主等。在这里，茶客们一边品茗，一边侃侃而谈，兴之所至，无拘无束，坐而论道，指点江山，上至天文，下至地理，古今中外，皆为谈资。那么，段力佩先生借此情境倡导的"有领导的'茶馆式'教学"是何用意，有何深意呢？

其实，段力佩先生早在 20 世纪 60 年代初，就总结出"紧扣教材、边讲边练、新旧联系、因材施教"的十六字"育才经验"，到 80 年代初又进一步总结出"八字

教学法"，即"读读、议议、练练、讲讲"，并认为读是基础，议是关键，练是应用，讲是点睛与升华。这里的"议"与茶馆里茶客们的侃侃而谈、指点江山基本是相同的。从现有的后"茶馆式"教学的实际案例来看，他们所倡导的读、议、练、讲、做与"八字教学法"的精髓也是相通的。由此，我们不难体会到后"茶馆式"教学的内涵与真谛：**一是强调合作学习**。茶馆里有茶客张三、李四、王五、赵六等，他们把各路信息带到了茶馆。大家争先恐后，你一句、我两句，张三说完、李四补充，客观上形成了一个信息聚合平台，实际上暗含着一种合作的关系。由此，后"茶馆式"教学借以强调了合作学习的重要意义。**二是主张充分对话**。在茶馆里，茶客们的"任务"就是"侃"：兴之所至，口无遮拦，想说就说，无边无际，酣畅淋漓，一吐为快。由此，后"茶馆式"教学借以强调在课堂上要让学生充分地对话与交流。**三是倡导建立学习共同体**。应该说，茶馆里的茶客都是"自由人"，想来就来，拟去即走，没有谁可以干涉其自由。但大家因为常去茶馆，久而久之，因缘而聚，熟而为友，客观上形成了一种茶馆"情境场"。在

这里，大有茶客闭门在家独自喝茶找不到的感觉和乐趣。由此，后"茶馆式"教学借以强调在课堂上要以学生为中心建立学习共同体。

通过以上解读和分析，我们不难发现和认识后"茶馆式"教学的显著特色：**第一，学生是课堂的主人**。这如同茶客是"上帝"一样，茶客们一进茶馆，茶馆里的服务生就得迎上前去，小心伺候。显然，茶馆的老板非常清楚，茶客们才是茶馆里真正的主人。同理，在后"茶馆式"教学的课堂上，学生是教师全身心服务的对象，是课堂上真正的主人。育人是教师和学校的最高目标。**第二，议论是主要的方法**。如同茶客们在茶馆里侃大山一样，在后"茶馆式"教学的课堂上，教师要把握住"议论"这个关键，要通过自己的精心设计让学生展开充分的讨论与交流。甚至要通过课堂上的议论，让学生学习过程中的某些"潜意识"得以充分暴露，特别是让那些"相异构想"尽可能地显现出来。**第三，教师是课堂的"侍者"**。这如同茶馆里的服务生要做好服务一样，教师在课堂上要全身心地服务好学生。只是课堂毕竟

有别于茶馆，因此段力佩先生特别强调这是一种"有领导的'茶馆式'教学"。所谓"有领导的"，在今天，我们的理解就是应按照新课程标准的要求，教师在课堂上应该成为学生学习的伙伴、帮助者和组织者，成为信息源、设计者和指导者等。**第四，课堂是情境的场域**。茶馆是消遣、休闲的场所，也是令茶客们愉悦和向往之处。后"茶馆式"教学借此强调的是，课堂不该平淡无味，或者令人乏味，而应是一种"情境的场域"，这就如同茶馆能深深吸引茶客们一样，课堂也应该是学生所喜爱的乐园，是他们快乐成长的地方。当然，这需要教师的精心设计，需要教师有更多的聪明与智慧。

综上所述，我们认为，后"茶馆式"教学寓意深刻，富有价值。其突出贡献就在于，它改变了课堂教学的逻辑结构，从以教师认为的学科体系进行讲解，变成由教师提供帮助，以学生的认知为线索，引领学生自主学习与建构，真正地把讲堂变成了学堂。

【作者简介】周成平，男，江苏第二师范学院教授。

"涌慧"课堂的美学追求

◎ 耿雁冰 / 江苏省无锡市南长实验中学

摘　要　本文从学校文化建设的角度，结合江苏省教育科学"十四五"规划重大课题"学科育人视角下'新教学'体系构建研究"的研究成果，对照太湖石瘦、漏、皱、透的特点，从教学目标叙写、教学留白、教学设计、教学简约四个维度进行实践探索，凝练"涌慧"课堂的美学标准。

关键词　涌慧　教学目标　教学留白　教学设计

学校文化建设日益成为教育领域关注的焦点。课堂不仅承载着传授知识的使命，更是塑造学生精神世界、培育审美情趣的重要阵地。"涌慧"课堂作为一种新型的教学理念与实践，以其独特的美学追求，为南长实验中学"涌慧"文化建设注入了新活力。

一、"涌慧"课堂初定义

"慧"最早见于《说文解字》，由"彗"和"心"构成，属形声字，从心，彗声。"彗"字表示用草制作扫帚，意思是心里想到把无用的野草变成有用的扫帚就是智慧。从教育视角进行解读，教育的意义是学校应该为学生提供合适的教育，启迪学生的智慧，教师在不断研究教育教学问题的同时，智慧也同样得到涵养。"涌慧"课堂作为学校"涌慧"文化建设的重要组成部分，就是要让师生通过课堂教学这一主阵地，不断激发彼此的灵感，实现智慧生长。

2022年4月，《义务教育课程方案和课程标准（2022年版）》颁布。无锡市教科院成功申报江苏省教育科学"十四五"规划重大课题"学科育人视角下'新教学'体系构建研究"（编号：A/2021/08），带动全市中小学加速适应和有效应对素养教育时代的教学挑战，加快构建和全面推广核心素养导向的新型教学。为准确把握课题核心要义，深入实施课题研究重点内容，高质量完成教学改革与实验任务，南长实验中学紧密结合"涌慧"办学哲学，从粗放式探索逐渐走向精细化深度思考，逐渐踏上了"涌慧"课堂的美学追求之旅。

二、"涌慧"课堂的美学观照

（一）基于物象的参照

中华文化博大精深，形成了许多具有

高度启发性的文化意象，比如太湖石。太湖石初看丑怪奇崛，细品野趣横生、自然秀美，为历代文人喜爱与收藏，借此彰显君子之雅致；太湖石在文学中承载了无限联想与审美想象，也是石文化鉴赏中的奇石。所谓"无石无园"，宋代书法家米芾，被称为"石颠"，在《素园石谱》一书中提出了相石四法——"瘦""漏""皱""透"，这既是相石标准，也是对太湖石审美的高度概括。[1]

太湖石既包括写实的"瘦、漏、皱、透"的风骨相貌，更凝结了写意的"美、妙、味"的气韵生动。课堂作为传授知识、启迪智慧的主阵地，既需要培养学生的审美情趣，又需要体现教学之美。太湖石与中国文人息息相通，它不仅是中国文人的人格写照，也是中国艺术精神的敦厚积淀，置身于校园之中，太湖石之美更可以与课堂之美融通延续。

（二）基于"新教学"特征的比照

从教学目标、方式、内容等方面，传统教学具有以下特征：以习得知识技能为主要目标；动手操作实践较少；知识点教学是重点，在情境中迁移应用知识技能、解决问题的机会不多。总之，传统教学通常为标准化学习，学习过程和结果的开放度比较低。

"新教学"的特征是以素养和能力培养为目标，教学指向学生真实发展；课堂重视真实情境和问题设计，学生经历调用高阶思维、迁移应用知识与技能解决问题的学习实践过程；教学内容指向核心素养的培养，遵循学科知识与真实生活相整合的

互动逻辑，以课程视角对教学内容做结构化处理；问题解决和学习实践需要全程评价，通过评价反馈促进学习反思。

结合太湖石的四大特点与"新教学"的四大特征，南长实验中学对"涌慧"课堂的特点进行了概括与浓缩。"透"，表示"涌慧"课堂是基于学科本质的理解，基于学科理解与学情理解，设计指向核心素养的教学目标；"漏"，即孔洞之美，洞奇石秀，观照"涌慧"课堂，"漏"则表现出留白，适当的等待留给学生成长的空间；"瘦"落实在课堂上，表示"涌慧"课堂是精练的；"皱"指太湖石石体表面的凹凸感给人以美感，具体落实到"涌慧"课堂上，表示课堂不是平铺直叙的，而是跌宕起伏的，是充分促进深度学习的。

三、"涌慧"课堂美学追求之旅

（一）透：教学目标叙写体现精确之美

教学目标、教学过程和教学评价三者有机结合，其中教学目标是核心，它不仅是教学的出发点和落脚点，还是教学评价的依据，既具有定向功能，又兼有调控作用。虽然明晰教学目标，做到有的放矢，本不是什么新话题，但是现实却不容乐观：在目标设定方面不明晰、不集中、高而空的现象并不少见。或将育人目标、课程目标当作教学目标，或将教学内容、教学进度当作教学目标，这些因习惯、技术上的原因而致目标设置不当的现象则更为严重。[2]

传统教学目标叙写的主要问题是，站在"教师本位"的立场上，选用描述内部心理的词语来陈述，只说清了"教师做什

么"，至于学生能力是否因此切实发生变化、能否测量，则没有设定，因而这样的目标是含糊的，很可能要落空。

为此，学校专门进行了教学目标叙写的培训，要求教学目标必须包括行为主体（Audience）、行为动词（Behavior）、行为条件（Condition）和表现程度（Degree）四项要素（简称"ABCD原则"）。首先，以学习者为行为主体描述学生的行为。书面上未必在目标开头写上"学生能够如何"，但思想上必须明确目标要指向特定的学习者。其次，行为动词要选用那些描述学生所形成的可观察、可测量的具体行为的词语，如写出、说出、辨别、比较、对比、指明、背诵等，而不是掌握、领会、理解这样的描述内部心理变化的词语。再次，应叙写影响学生学习结果的限制条件与范围，包括允许使用的辅助手段、时间的限制、完成行为的情景等。最后，说明学生对目标所达到的最低表现水准。总之，现代教学目标的叙写，应确立"学生是主体"的理念，应选用反映外部行为变化的词语来陈述，说清学生在学习活动后发生的内在能力或情感变化，并尽量使这些变化可观察、可测量。

学校用一学期对这一教学行为进行了落实和强化，经过半年的实践，教师基本都掌握了教学目标叙写的"ABCD原则"，教学观念也发生了较大转变。

（二）漏：课堂留白尽显期待之美

新课标强调以学生为中心，注重学生的全面发展，培养学生的创新精神和实践能力。为了让一部分习惯了"填鸭式"教学的学生尽快改变学习习惯，让习惯"满堂灌"的教师改变教学方式，学校从要求教师教学留白入手，进行了一番努力。

留白式教学是指在课堂教学中，教师根据教学内容和学生的实际情况，预留一些空白，让学生通过自主学习、合作探究等方式，对知识进行深度的思考和探究。留白有课初导入留白、课中实践留白、课堂小结留白、课外问题留白几个环节。在实施留白式教学之前，教师需要制订合理的教学计划，根据教学内容和学生实际情况，确定需要留白的部分以及留白的方式和程度。同时，教师还需要根据学生的实际情况和教学目标，设计出具有启发性和引导性的问题，引导学生进行自主探究和学习。

以孙老师执教《紫藤萝瀑布》为例，他考虑到不能一味要求学生被动地接受相关内容，而是要充分利用留白手段，给予学生主动思考和探究的机会，于是在执教过程中的文本分析、知识讲解等教学环节多次留白。如当学生对文章开头的"我不由得停住了脚步"和结尾的"我不觉加快了脚步"在结构上的作用以及寓意无法准确理解时，他就进行留白，为学生留出充足的自主时间与空间，并给予学生提示和启发，鼓励学生独立思考探究，顺利跨越理解障碍。

"涌慧"课堂的留白，不仅要保证时间，更要保证空间。它根植于精心的备课，精湛的驾驭课堂的能力，灵活处理随机生词的知识的能力。学生的真学习，要有建构的时间和空间。教师不要把自己的"笔墨"触及课堂的每个角落、每个时刻。教师在课堂中沉默地等待,正是课堂中的一个令学生想象不尽的留白。留白使教学过程拥有更多生成,使课堂拥有更多自由的时空,从而达到教与学的交互融合[3],充分展示课堂的生命力。

(三)瘦:精练课堂彰显简约之美

长期以来,教师由于缺少对课标、命题走向的研究,觉得课堂每个角落都很重要,课堂最终变成各类知识点的堆砌,学生花费的时间不少,但是素养的生成效果有时不尽如人意。解决这一问题的出路在于,从核心素养生成与提升的视角,大胆"瘦"去冗余的课堂教学因素,精选知识内容、精炼学科思维。

"涌慧"课堂的"瘦",主要针对各种急功近利思想的作祟以及对新课改理念的"剩饭新炒"所导致的课堂教学中出现的不少形式化、教条化问题。因此学校倡导摒弃花架子,回归课堂教学本质。"涌慧"课堂提倡教师扬长避短,在教师专业素质与教师课堂素质紧密结合的情况下,用科学方法、精准语言来进行教学。

以施老师执教《春》为例。她紧扣课文主旨,帮助学生体验语言精美、文章结构精巧、文章由景生情,大胆"瘦"去无关内容,如大胆"瘦"去对重点段落的过度解读,而是让学生反复朗读,细细品味。在多媒体手段广泛应用于课堂的今天,多媒体削弱了学生对语言的阅读、想象空间,学生对文本呈现的语言情境的想象被屏幕上强行植入的视觉形象代替,学生对语言的自我建构被打断和淡化,不同

学生对"春"的情境的想象被单一的屏幕形象强制取代。[4]施老师摒弃多媒体,代之以学生的自主朗诵,使学生产生理解文本的冲动。

(四)皱:一波三折凸显设计之美

课堂恰如九曲黄河、万里长江,有转折波澜,也有广度深度,课堂重点恰似顺江河看两岸,大自然在游览者面前呈现多层次、多视角的风景。课堂教学的展开,要在重点之处,艺术性地将重点因素通过某些环节的组织及教师的语言表达进行呈现,使学生活动的创建按照一定的层次逐步揭示,多维度引起学生深度思考,促进学生递进式理解体验、学习应用。[5]

"涌慧"课堂借石之"皱",追求曲折生动之美,设计上呈现出一种愉悦的一波三折之美。我们追求的"涌慧"课堂,是讲究疏密、浓淡、节奏,既富于变化,又是浑然天成合乎自然之道的。无论是学生还是观课者,置身于课堂之中,常有探幽览胜的逸趣。

如笔者在无锡市首届"我为良师"大课堂教学展示活动中执教《质量守恒定律》时,充分运用化学史,采用深度实验教学方式,让学生在一波三折的学习过程中,像科学家一样去思考、探究、经历和感悟。在用熟知的实验情境激发学生的好奇心之后,通过重演波义耳实验,初现定律萌芽;再现施塔尔实验,辨析质量关系;实验验证罗蒙诺索夫猜想,走近质量守恒定律;仿做判决性实验,逼近质量守恒定律;微观分析回应理论,理解质量守恒定律五个环节,让学生重走质量守恒定律发现过程

中的关键性步骤，仿佛穿梭于其间数百年，亲历数十位化学家就反应前后物质的总质量变大、变小、不变等三种情况的来回论证，最终去伪存真，得出定律，由此深度理解了质量守恒定律。

当然，对重点内容的深度设计，不是对重点内容的铺天盖地的堆砌，不是反复的没有层次的呈现与解构，而是在变化的视角、变化的层次、变化的深度和广度、变化的情感体验中体会"涌慧"课堂设计中的曲折变化之美。

四、结语

随着对"涌慧"课堂美学追求的不断深入，我们已经初步领略美学与教学实践相结合的独特魅力。"瘦、漏、透、皱"如果是"涌慧"课堂的"形"，那么"神"就是以崇高的思想启迪、深沉的情感熏陶和丰富的知识涵养而作用于教学主体的心灵，它是潜在的、内蕴的，是教学审美、深厚文化底蕴的表达。师生主观的情感在教学过程中是起催生作用的。"形"是离不开"神"的，"未有形不似而反得其神者"。在教学过程中，唯有"形"与"神"有机统一，才能形成"境"。而教育的"境"，正是我们致力于追求的教育精神和气韵。[6]

【作者简介】耿雁冰，男，江苏省无锡市南长实验中学副校长，曾获江苏省教学成果一等奖。

参考文献

[1] 段春雪.太湖石审美形象研究[J].中国民族博览，2019（10）：210—211.

[2] 唐江澎.为了"个人意义"的产生——"体悟教学"策略例说[J].教育研究与评论（中学教育教学），2011（07）：4—12.

[3] 李森茂.学生："悟"要高于老师"教"——一道分段函数问题中乘积 $x_1x_2f(x_3)$ 取值范围求法[J].福建中学数学，2020（10）：33—34.

[4] 宋健.打造本色课堂，实现高效教学[J].天津教育，2019（12）：82—84.

[5] 徐雪婷.初中语文课堂的"瘦、绉、透、漏"[J].语文天地，2022（03）：79—80.

[6] 柳袁照.建构"皱、漏、瘦、透"的语文审美课堂——从张扬老师《雷雨》的课堂教学说起[J].中学语文教学参考，2012（09）：37—39.

任务驱动视域下初中语文以读促写教学策略研究

◎ 胡昉洁 / 江苏省无锡市水秀中学

摘　要　在初中语文写作教学中，教师须立足课文，重新架构、整合写作支架，改变教学方式，研究学生学习生态，设计真实情境任务，变外输为内驱，从创新写作形式、细化评价标准、回归生活情境等角度进行解决；要让学生立足于真实的生活情境，在点滴的写作训练中提高语言文字运用能力，完成从"语文知识""语文能力"到"语文素养"的三级进阶。

关键词　任务驱动　生活情境　课堂写作　教学设计

《义务教育语文课程标准（2022年版）》（以下简称"新课标"）在"文学阅读与创意表达"的教学提示中指出，"注意整合听说读写"，"鼓励学生在口头交流和书面创作中，运用多样的形式呈现作品，发挥自己的创造性；引导学生成长为主动的阅读者、积极的分享者和有创意的表达者"。新课标在"思辨性阅读与表达"的教学提示中也指出，"将文本阅读和自主探究结合起来，为学生提供广阔的思考、表达和交流空间"。

对学生来说，初中语文教学中的课堂写作训练，是思维能力、审美能力"日积跬步"的提升，是立足核心素养发展，让学生勤于思考、乐于探究、爱上语文学习的有效途径。

课堂写作教学作为单元写作教学的一个重要环节，对教师在整合写作教学时实现点、面的统一也发挥着至关重要的作用。我们要利用好课堂写作教学，在真实、鲜活的生活化情境的任务驱动下提高学生的语文素养，让听说读写能力的培养真正在日常的语文课堂上生根开花。

一、任务驱动视域下初中语文课堂写作教学的现状与思考

（一）多维任务驱动，突破写作教学形式单一

教材中的每一篇课文都有值得挖掘的闪光点。根据学生不同年龄阶段思维发展的特点，写作任务也要有不同的侧重点，难度也应螺旋上升；避免同体裁、同类型

的文章采用一样的写作任务设计。

对于"言已尽而意无穷"的诗歌，最合适的写作任务设计，便是以想象类创作驱动学生写作。在教学古诗文时，因初一学生的思维能力、创造能力较弱，这时课堂写作任务宜以"用具体生动的语言描绘画面"等具体形象的任务设计来驱动学生积极思考、主动创作；而初二、初三的学生已经有了一定程度的积累与提高，便不能再采用单纯的外化式任务设计，可以让他们完整地分析诗人的一生与文学创作的风格，设计群文比较阅读类项目专题探究式的任务，可有效驱动学生的深度写作。

对于有着曲折情节的小说，特别是使用"欧·亨利式"结尾的小说，可让学生结合自身的体会和理解续写小说结尾或者改写结尾。通过与原著的反差任务设计来驱动学生对文本的探究热情，激发其对人物的思辨性认识与思考。例如，教学《我的叔叔于勒》时，以改写结局的任务设计（如果飞利浦夫妇在船上偶遇的是家财万贯的于勒，那么众生相又会是怎样的呢？）来驱动学生进行再创作。

对于情感表达比较细腻的散文，可以从片段仿写入手，为学生搭建写作支架，让情感的输出也有切口。例如，教学《白杨礼赞》时，可让学生仿写《白杨礼赞》，以同样的谋篇布局，来写自己喜欢的一种植物，在素材选择上可以用"寻觅心中的它"为主任务设计任务群。

这些课堂写作任务都是依据所学课文的体裁进行设计，贴合文本、依标教学，这就要求教师深度思考，设计多种形式、不同主题、有针对性的写作任务。

（二）多维任务评价，突破作文评价方式单一

新课标指出，"教师应树立'教—学—评'一体化的意识，科学选择评价方式，合理使用评价工具，妥善运用评价语言，注重激励学生，激发学习积极性"。由于课堂时间的限制，课堂写作任务的评价往往不能及时反馈，未能发挥评价的指导和促进作用。此外，评价主体的单一也限制了评价的积极作用的发挥。教师在指导学生进行过程性评价和结果性评价时，也应协同设计任务评价方式，如生生互评、教师点评、学生自评，以扎实有效的任务评价驱动学生写作表达的自主性和探究性。我们要让评价在任务驱动的写作教学课堂上发挥出它的积极作用，促进教师的教与学生的学。

（三）情境任务设计，突破作文教学内容单一

新课标在"实用性阅读与交流"的教学提示中指出，"评价应注重学生在真实生活情境中语言运用的实际表现，围绕个人生活、学校生活、社会生活中阅读与交流的实际任务，评价学生实用性阅读与交流的能力"。

当下的语文课堂，教师提出的问题、设置的任务以贴合文本为主，与生活联系不够紧密。这就导致许多学生在交流时常常出现"会写不会说""会说不会写"的情况。当他们没有可以运用这些知识的语言环境，久而久之也就把知识留在了书本上。

语文课堂就是广阔社会生活的一个微

观缩影，教师要构建真实的语言文字运用环境，创建真实的生活情境，带领学生解决实际生活中的问题；让学生的目光既能投射到遥远的历史长河，也能关注发生在身边的点滴小事；让他们在生动活泼的语文课堂里爱上写作，爱上表达，爱上生活。

二、任务驱动视域下初中语文课堂写作教学的实践与策略

（一）创新写作形式，驱动学生应用拓展

语文学科类的课堂写作任务可以尝试很多的形式，除了仿写、续写、扩写，还可以写书签、写腰封上的文字、写推荐语、拟标题、对对联等。如，请学生为《钢铁是怎样炼成的》写腰封上的文字或撰写推荐语，将整本书的阅读体验和感悟浓缩成简短、精练的语言。再如，请学生结合诸葛亮一生的功绩，为他撰写一副挽联。这样的设计使学生既表达了自己对人物的理解，又在无形中学习了对联的写法；既能创新形式，又能拓宽学生的知识面。

生活实践类的课堂写作任务要紧密联系生活，比如写信、写说明书、写宣传标语等。在教学说明文时，可让学生根据所学知识写药物使用说明书，或根据药物使用说明书快速提取关键信息。这些写作设计越贴近生活，学生练习起来也就越得心应手。

新课标背景下，大家越来越关注跨学科学习以及学科之间的交流融合。语文是基础人文学科，作为基础学科，它的外扩性和延展性非常强，可以融合其他学科。例如，语文与地理融合，学习完《三峡》《小石潭记》《醉翁亭记》等文本后，可以让学生关注古诗文中记载的古代地理常识与地方文化；语文与历史融合，学习完杜甫的诗歌和冯至《杜甫传》的整本书阅读后，可以管中窥豹，根据杜诗内容的分期研究唐朝由兴盛走向衰败的历史。

语文课堂是广阔的、包容的、流动的，学生应该在丰富的阅读、写作任务中品味到源源不断的生命力，站得更高、看得更远。

（二）细化评价标准，驱动学生感受鉴赏

1. 依题定表，实效建构写作任务之支架

提前制作评价量表来统一评价标准非常重要。量表应该在学生动笔前就出示，起到两个方面的作用：规范写作格式，明确写作方向；据此进行自评和互评。评价量表中一般都会明确规定写作的评分细则，学生下笔有抓手，写完后对照量表进行自评，明确失分点，再结合他人的评价对照修正，以此获得对自己的写作更清晰、直观的认识。

2. 收放自如，灵活变化任务评价之主体

在指导学生对写作任务的过程或者结果进行评价的时候，教师须扶放结合、收放自如。量表是从实践经验中来的，因此，由教师主评是必要的，但这样难以让学生运用辩证思维，会形成唯一性指标，所以在写作任务的评价过程中保持评价主体的多元有利于拓展学生的辩证思考能力。教师可以视任务类型，调整自评、互评、师评的评价顺序。例如，在互评前、互评时和互评后进行自我评价，对照自己以及他人的评价不断调整修正，以达到提高的目

的，也是至关重要的一步。

（三）回归生活情境，驱动学生发现创新

1. 以想象情境驱拟生活情态

《假如记忆可以移植》《给十年后的自己写一封信》等中高考作文命题的出现，凸显学生语文能力素养中想象与联想的重要性。写作教学的任务设计可以还学生思维驰骋的空间，以生活为基，将风筝线交到学生手中。想象也应适度，情境指向文本与个体的体感共情，指向生活情境的艺术表达。当语文课有一个完整的情境任务创设贯穿始终，那么最后生成水到渠成的写作任务则不必拘泥形式。生活情境既可以是已发生的生活事件，亦可为未发生的生活假设。

2. 以问题情境驱拓生活视角

在当下学生的写作练习里，很少见到"家事国事天下事，事事关心"的文字，他们很少将视野投射到社会甚至世界。针对学生视域局限的问题，教师在创设生活化的情境时，要指向社会现象或热点问题，引领学生形成广阔的视域、养成独立而深刻的思考习惯，从而形成个性化解读。例如，学完《植树的牧羊人》，我们就自然地联想到了在西北地区防风治沙的辛勤的工作者们，想到"沙漠化"，想到"水土流失"。我们不禁思考，保护生态环境，我们可以做些什么？基于生活实际问题解决的写作任务设计也就应运而生了。

3. 以人文情境驱设核心价值

习近平总书记有过明确要求："我们要在全社会大力弘扬和践行社会主义核心价值观，使之像空气一样无处不在、无时不

有，成为全体人民的共同价值追求，成为我们生而为中国人的独特精神支柱，成为百姓日用而不觉的行为准则。"新课标在阐述语文的课程性质时说："语文课程致力于全体学生核心素养的形成与发展，为学生学好其他课程打下基础；为学生形成正确的世界观、人生观、价值观，形成良好个性和健全人格打下基础。"正因语文课程有着如此崇高的使命，我们在依标教学、设计任务时，要让学生在语文学习的过程中用心感受生活、享受生命，爱自己、爱世界。写作任务的设计更应直面学生、根植大爱、发现美好、重视驱动、共情共生。以人文情境激发学生习作热情，以人文熏陶锤炼人生价值，以人文美感评价习作的构思表达，以深厚的人文魅力浸润学生。例如，2024年无锡中考作文题：请在"成、承、呈、澄"四个字中选一个，以"城与（　）的故事"为题，写一篇作文。这个写作任务的人文情境便很好地在学生心中根植下了家国情怀，提升了学生的文化自信。

课堂写作既可以为单元写作任务铺路搭桥，更是锻炼学生思维能力、表达能力的有效途径。自新课标实施以来，我们一直在强调"真实的语言文字运用情境"，提倡"情境教学""任务驱动"，更多地关注语文学习与实际生活的联系，竭力创设生活化的情境任务，不断以任务为支点创新以读促写的写作形式，细化评价标准，让学生更加自信地在任务驱动视域下提高语言文字运用能力，提升学科核心素养。这是我们可以做到的于微末处浸润思索的不懈尝试。[本文系无锡市教育科学"十四五"

规划课题"双减背景下初中学科任务驱动性教学的实践研究"（编号：wx/2022/YBLX0301-05996）的阶段性研究成果。]

【作者简介】胡昉洁，女，江苏省无锡市水秀中学教务处副主任，中级教师。

参考文献

[1] 中华人民共和国教育部.义务教育语文课程标准（2022年版）[M].北京：北京师范大学出版社，2022.

[2] 张秋玲，牛青森，等.新版课程标准解析与教学指导.初中语文（2022年版）[M].北京：北京师范大学出版社，2022.

[3] 高宏.这样教学很有效：任务驱动式课堂教学[M].天津：天津教育出版社，2019.

[4] 闫存林.语文学习任务设计：原理、方法与案例[M].北京：中国人民大学出版社，2022.

[5] 黄颖.任务驱动法在小说教学中的运用[J].语文教学通讯·D刊（学术刊），2023（06）：35—37.

[6] 陈莉.设计情境任务，培养表达品质[J].语文建设，2024（12）：72—74.